Lançar mundos no mundo

FÓSFORO

GUILHERME WISNIK

Lançar mundos no mundo

Caetano Veloso e o Brasil

7 APRESENTAÇÃO

ARESTAS INSUSPEITADAS: exílios dentro e fora do país
22 Um show de Jorge Ben Jor dentro de nós
24 As coisas migram e ele serve de farol
29 Ele está mais vivo do que nós
33 *You don't know me at all*
36 *The age of music is past*

ACORDES DISSONANTES PELOS CINCO MIL ALTO-FALANTES: ao redor do tropicalismo, 1962-68
48 Quarta-feira de cinzas no país
53 *I've given up all attempts at perfection*
56 Nada no bolso ou nas mãos
62 Terceiro sexo, terceiro mundo, terceiro milênio

TRANSA QUALQUER COISA JOIA, BICHO. MUITO CINEMA TRANSCENDENTAL: a pulsão do desejo, 1969-83
73 Outra alegria diferente das estrelas
76 A gente vai levando essa chama
80 O fogo das coisas que são
84 Na América, num claro instante
87 Sempre teso o arco da promessa

MINHA MÃE É MINHA VOZ: um artista internacional, 1984-2005
106 Enigmática máscara boi
113 Somos uns boçais
118 Velho e vasto estranho reino
124 A voz mediterrânica e florestal

CARETA, QUEM É VOCÊ?: a potência do Brasil, 2006-22
142 Agora olhe pra lá porque eu fui-me embora
146 Um deus, um bicho, um homem
153 A pureza é um mito
163 Qual será teu papel na salvação do mundo?
170 Virá que eu vi!

176 AGRADECIMENTOS
179 NOTAS
196 ÍNDICE REMISSIVO

Apresentação

Caetano Veloso, aos oitenta anos de idade, permanece surpreendentemente atual. Poucos artistas, no Brasil e fora dele, foram e são capazes de se manter tão inquietos e conectados ao mundo em que vivem por tanto tempo, renovando sua mirada para as coisas, seu interesse pelos assuntos que o rodeiam, e sua capacidade de traduzir isso tudo em formas artísticas potentes. Atravessando um arco histórico que vai da sambista Aracy de Almeida — que gravou sua canção "A voz do morto", em 1968 — até a funkeira Anitta — com quem gravou "Você mentiu", em 2019 —, Caetano se reafirma a cada passo como um artista polêmico e camaleônico, cuja força sempre esteve na capacidade de escapar às classificações e desautomatizar chaves convencionais de interpretação.

Definido recentemente, em artigo publicado na revista *The New Yorker*, como "o músico mais celebrado do Brasil",[1] Caetano é, além de um reconhecido e prolífico compositor, um intérprete-autor capaz de criar versões muito pessoais de um vasto repertório da música internacional, que vai de Carlos Gardel a Amália Rodrigues e Henri Salvador, ou dos Beatles a Bob Dylan e Michael Jackson, entre outros. Ao mesmo tempo, é um artista que, como poucos, tem sido homenageado e provocado por seus pares ao longo de muitas décadas e gerações, tal como nos casos de Roberto e Erasmo Carlos ("Debaixo dos caracóis dos seus cabelos", 1971), Jorge Ben Jor ("Mano Caetano", 1971), Gilberto Gil ("Ele e eu", 1972), Djavan ("Sina", 1982), Adriana Calcanhotto ("Vamos comer Caetano", 1998), Lobão ("Para o Mano Caetano", 2001) e Johnny Hooker ("Caetano Veloso", 2017).

Ao mesmo tempo, o cantor e compositor baiano renova e atualiza sua maneira de incidir sobre a política, tendo organizado, em março de 2022, o Ato pela Terra, contra a destruição da legislação ambiental no Brasil, incluindo a apresentação de um conjunto expressivo de músicos em Brasília, e um contundente discurso diante do Senado Federal. Atualidade que se exponencia quando agora, diante do brutal assassinato do indigenista Bruno Pereira e do jornalista inglês Dom Phillips na Amazônia, ouvimos sua canção "O império da lei", do álbum *Abraçaço* (2012): "Quem matou meu amor tem que pagar/ E ainda mais quem mandou matar/ Ter o olho no olho do jaguar/ Virar jaguar/ O império da lei há de chegar no coração do Pará". Uma canção de revolta e de guerra, feita no ritmo indígena do carimbó paraense, denunciando as mortes brutais, recorrentes e revoltantes de ativistas e ambientalistas como Chico Mendes e Dorothy Stang. Nos primeiros anos da década de 2020, sob o governo Bolsonaro, a realidade da Amazônia se aprofundou como a de um lugar sem lei, onde a grilagem de terras, o garimpo descontrolado, o desmatamento ilegal, o narcotráfico e o ataque deliberado aos povos indígenas emulam a "lei" das milícias que tomou as grandes cidades brasileiras e chegou à cadeira da presidência da República. Também aqui a obra cancional de Caetano Veloso, como poucas, nos ajuda a pensar esse contexto, estimulando-nos a encontrar caminhos que possam nos levar a superá-lo. Não custa lembrar, nesse caso, da sempre atual canção "Um índio", de 1976.

Este livro nasceu como um volume da coleção *Folha Explica*, publicada pela Publifolha, a convite de Arthur Nestrovski, em 2005. Agora, dezessete anos depois, a convite de Fernanda Diamant e Rita Mattar, pela Fósforo Editora, foi reescrito e ganhou não apenas um título novo, como também capítulos que tratam da atuação do artista desde 2005. Contudo, a ambição original um pouco quixotesca de "explicar" Caetano não deixou de estar presente nesta edição. Sei muito bem que Caetano Veloso é uma das mais "inexplicáveis" personalidades brasileiras, não apenas pela complexidade de suas posições — que não estão isentas de contradições —, mas também porque é uma figura pública que não cansou de se autoexplicar ao longo dos seus quase sessenta anos de vida artística (iniciada em 1965), a ponto de parecer esgotar tudo o que de novo se poderia dizer a seu respeito.

Ao mesmo tempo, continua a atrair para si a atenção de um público imenso — dentro e fora do país —, mantendo-se como um foco de controvérsias a exigir sempre novas explicações. Quer dizer: a "explicação", aqui, não é dispensável ou redundante. Na verdade, ao atacar a autonomia formal da canção, incluindo uma série de outros elementos no seu interior — encenação, ruídos, referências visuais, cultura de consumo —, o tropicalismo, no final dos anos 1960, deu ao discurso conceitual na música um papel construtivo, transformando a Música Popular Brasileira (MPB) em um campo de cruzamentos onde as coisas estão todas postas em estado de explicação. Pode-se dizer, portanto, que a partir do tropicalismo — movimento do qual Caetano foi um dos protagonistas — a canção popular passa a fazer parte de uma polimorfa explicação da cultura brasileira. E ao fazê-lo, de forma sempre heterodoxa e dissonante, termina também por explicar, de certa forma, o Brasil como um todo.

Como se verá, o roteiro deste livro não segue uma cronologia inteiramente linear. Antes, propõe um certo embaralhamento de tempos, que intenta dialogar com a prosa poética de Caetano, essencialmente elíptica e antinarrativa. Essa opção procura dar maior ênfase a questões essenciais que atravessam sua obra, marcada por inúmeros pontos de adensamento e ruptura em que o artista veio, ao longo do tempo, a se reinventar diante de impasses e desafios renovados.

Estrategicamente, o ensaio se inicia focalizando um momento de forte adensamento em sua trajetória artística, e que, significativamente, se situa na metade desse percurso: o show *Circuladô* (1992). Momento em que, ao completar cinquenta anos de idade, e vinte anos desde que havia voltado do exílio em Londres imposto pela ditadura militar, o artista faz uma releitura de sua carreira situando-a em novas bases, como desdobramento vital de um desconforto apontado em *Estrangeiro* (1989), onde tematizava o eclipsamento das utopias surgidas no ambiente libertário e contracultural dos anos 1960. Ao fazer essa revisão, Caetano recupera a experiência do exílio (1969 a 1972) como um dado fundamental em sua obra. O que, ao mesmo tempo, ilustra a sua concepção de que o golpe militar de 1964 não significou a corrupção de um Brasil puro, e sim uma expressão cruel mas verdadeira de sua "geleia geral", feita de forças antagônicas e contraditórias em que não se divisam separações esquemáticas entre o bem e o mal. Essa é a ponte que nos leva, voltando atrás no tempo, para uma revisão do seu período londrino, em que se dá uma superação da paródia tropicalista, apontando para um aprofundamento lírico das canções afiado pela cultura nordestina.

A volta do exílio, em 1972, prefigura uma situação muito representativa do papel cada vez mais pregnante da canção popular no Brasil, como uma resistência subterrânea à opressão do regime militar que tematiza o poder vital da música e do canto como superação mitopoética dos conflitos, abandonando a polarização que havia marcado o fim dos anos 1960 entre engajamento político e experimentalismo estético, regionalismo folclórico e internacionalismo tecnológico. Este importante assunto está divido em dois capítulos do livro: "Acordes dissonantes pelos cinco mil alto-falantes", que trata do tropicalismo de forma alargada (1962-1968), e "Transa qualquer coisa joia, bicho. Muito cinema transcendental", que aborda toda a década de 1970 e suas bordas, de 1969 a 1983.

Já em "Minha mãe é minha voz", que trata de sua produção entre meados dos anos 1980 e dos 2000, discute-se temas variados, como a relação de Caetano com a composição de canções, com a solidão e o silêncio, com as diversas cidades do mundo a partir de Santo Amaro da Purificação, sua cidade natal, situada no Recôncavo baiano, e também com a polêmica questão da negritude e da miscigenação. Nesse capítulo é debatida também a retomada temática do Brasil como questão em sua obra a partir de *Velô* (1984), no momento da abertura política do país com a campanha pelas Diretas Já, em um percurso — agora sim cronológico — que volta a encontrar o ponto inicial do livro (1989 a 1992) e o ultrapassa. A partir desse momento, Caetano amplia enormemente seu raio de ação e sua rede de relações, tornando-se tanto um intérprete-ensaísta do processo de "formação" brasileiro, lido pelo prisma de sua singularidade cultural — que se consuma na redação do livro *Verdade tropical* (1997) —, quanto um cantor-leitor de um vasto repertório da música popular mundial a partir de uma dicção própria, na interpretação dos cancioneiros hispano e norte-americano em *Fina estampa* (1994) e *A Foreign Sound* (2004).

Por fim, em "Careta, quem é você?", capítulo que trata de sua produção mais atual, o verso de "Reconvexo" — canção composta no final dos anos 1980 para Maria Bethânia gravar — é tomado para iluminar o contexto de embate entre os movimentos de lutas urbanas surgidos no novo milênio e o mundo de ódio e vigilância fomentado por algoritmos e novos conservadorismos. Junto à roqueira Banda Cê, Caetano Veloso rejuvenesce sua música e sua figura artística, num percurso que, do ponto de vista ideológico, desemboca numa autocrítica em que procura rever sua simpatia pelo liberalismo. Passando em revista suas diferenças com o crítico literário marxista Roberto Schwarz, o capítulo traz à tona uma oposição entre a mirada histórica por meio da luta de classes e uma perspectiva estético-política que dá ênfase a temas como sexo, raça, gosto e forma. Em *Meu coco* (2021), seu disco mais recente, o Brasil dilacerado pelos anos de governo Bolsonaro aparece, resistentemente, como uma "Nação grande demais para que alguém engula".

Dito isso, cabe ainda uma breve indicação acerca do título deste ensaio. Trata-se de um verso de "Livros", segunda canção do disco *Livro*, de 1997. Transcrevo aqui os versos de forma mais ampla: "Mas os livros que em nossa vida entraram/ São como a radiação de um corpo negro/ Apontando pra a expansão do universo/ Porque a frase, o conceito, o enredo, o verso/ (E, sem dúvida, sobretudo o verso)/ É o que pode lançar mundos no mundo". Estamos, aqui, diante do poder da arte. Isto é, confrontados com a sua capacidade ímpar de revelar mundos, de criar mundos outros nas dobras do mundo ordinário que a nós se apresenta como sendo *o mundo*, ou *a realidade*.

Nessa vida prenhe de mundos despertados pelos versos de Caetano Veloso, outros Brasis se desenham, distintos do horror revelado no bolsonarismo, mas não alheios a ele. Como se verá nas páginas seguintes, Caetano nunca deixou de enxergar o horror como um dos elementos mais definidores do *ser do Brasil*. Mas esse olho no olho do jaguar — animal que para muitos dos povos indígenas está associado aos ciclos de vida e morte — não se furta a virar jaguar, buscando sempre sua transmutação. Daí a renovada atualidade da obra de um artista que parece nunca envelhecer, tal como aquele que é descrito em "Força estranha", composição sua feita para Roberto Carlos gravar em 1978. Assim, seus cabelos brancos cruzam a mesma estrada em que o tempo brinca ao redor do caminho de um menino, e onde também uma mulher grávida prepara outra pessoa, no lugar em que, ao mesmo tempo, muitos homens brigam e gritam. Estrada do tempo, que se volta sempre para o agora. Um agora urgentemente aberto, onde múltiplos mundos coexistem.

Arestas insuspeitadas

Exílios dentro e fora do país

NO ANO DE 1968, GILBERTO GIL E EU fomos presos. Ficamos dois meses na cadeia, depois quatro meses confinados na cidade de Salvador, e por fim fomos levados ao interior de um avião de voo internacional por agentes da polícia federal para que deixássemos o Brasil, de onde ficamos longe, exilados, por dois anos e meio, em Londres. Isso me encheu de amargura, sobretudo porque nós, tropicalistas, acreditávamos que a ditadura militar — que afinal durou vinte anos — não tinha sido um acidente que se abatera sobre o Brasil, oriundo de outro planeta. Não, nós acreditávamos, e eu ainda acredito, que a ditadura militar tinha sido um gesto saído de regiões profundas do ser do Brasil, alguma coisa que dizia muito sobre o nosso ser íntimo de brasileiros — vocês podem imaginar como a minha dor era multiplicada por essa certeza. No entanto, uma vez no exílio, chegavam até nós, saídas de regiões não menos profundas do ser do Brasil, vozes que nos diziam (nos tentavam dizer) que isso não era tudo.

Com esse depoimento, feito no show *Circuladô* (1992), Caetano introduzia a apresentação de "Debaixo dos caracóis dos seus cabelos", canção composta por Roberto Carlos e Erasmo Carlos em sua homenagem, entre os anos 1969 e 70.[1] E, remexendo publicamente num capítulo até então tabu de sua vida pessoal — a prisão e o exílio —, fazia uma afirmação que soa, hoje, extremamente lúcida, aguda e atual. Sim, a ditadura militar não se abateu sobre nós como uma espécie de óvni vindo de lugar nenhum. O autoritarismo e a truculência que ela representa saíam, naquele momento — e ainda saem hoje —, de "regiões profundas do ser do Brasil". E Caetano não apenas via isso claramente, e de forma muito dolorida, durante o exílio, mas também continuava a perceber esse fato na aparente normalidade democrática dos anos 1990, quando muitos de nós acreditávamos que essa era uma página virada na história do Brasil.

Lançado no início daquela década, o disco *Circuladô* (1991) prolonga e complementa aspectos de uma importante mudança na obra cancional de Caetano, manifestada no álbum *Estrangeiro* (1989). Mudança que se verifica tanto em termos sonoros, com a incorporação das guitarras e teclados eletrônicos de Arto Lindsay e Peter Sherer, do grupo nova-iorquino Ambitious Lovers, quanto no discurso poético, e funda um ponto de vista novo, marcado pelo estranhamento radical em relação ao momento então presente.

Como anunciado na canção "O estrangeiro", o sujeito que canta se sente "menos estrangeiro no lugar que no momento", indício de que as insuspeitadas arestas que aparecem na paisagem cartão-postal do Brasil — o Pão de Açúcar e a baía de Guanabara — revelam uma disjunção que se opera antes na circunstância temporal do que no lugar. Isto é, o estranhamento que se vê na paisagem — "um Pão de Açúcar menos óbvio possível" — é o espelho de um estrangeirismo que não diz respeito à nacionalidade (a etnia, o país geográfico ou a cidade), mas ao momento histórico vivido. Essa inversão tem importância considerável no contexto de uma obra cujo fundamento maior esteve quase sempre na capacidade de tensionar a cultura do país — o lugar —, dada sua adesão máxima ao tempo presente, ancorada na exigência de se defrontar permanentemente com as informações mais atuais da modernidade cultural. E a sequência da canção não deixa dúvidas em relação a essa passagem histórica, referindo-se diretamente a "Alegria, alegria", hino tropicalista de 1967: "E eu, menos estrangeiro no lugar que no momento/ Sigo mais sozinho *caminhando contra o vento*".

Está claro que a solidão, agora, enfatizada na canção ("sigo *mais* sozinho"), distancia-se do alheamento leve e voluntário do sujeito daquela outra canção, que caminha com "os olhos cheios de cores" e "o peito cheio de amores vãos" em meio aos estímulos visuais velozes e intransitivos de uma cultura de consumo nascente, captados através de uma linguagem também fragmentária, na qual, segundo Augusto de Campos, "predominam substantivos-estilhaços da 'implosão informativa' moderna": crimes, espaçonaves, guerrilhas, Cardinales, caras de presidentes, beijos, dentes, pernas, bandeiras, bomba ou Brigitte Bardot.[2] No pesadelo impressionista de "O estrangeiro", sob a áspera massa de acordes em arpejos percussivos que não encontram repouso, o isolamento involuntário do sujeito que canta revela um doloroso amputamento histórico: o fim das utopias existenciais, estéticas, morais, sexuais, sociais, políticas de sua geração. Isto é, o desaparecimento do motor criativo e ideológico da arte surgida no ambiente contracultural dos anos 1960, que originou o movimento hippie, o tropicalismo, a rebeldia do rock e as agitações estudantis de Maio de 68 em Paris.[3]

Ora, a deflagração do movimento tropicalista foi a expressão vigorosa e radical de uma situação de choque entre a onda libertária dos anos 1960 e o endurecimento da ditadura militar no país, sob o pano de fundo de um crescimento econômico mundial. E mais: alimentou-se de uma situação de aguerrida polarização ideológica no campo cultural, no horizonte do florescimento de uma cultura pop internacional que embaralhava as noções de "originalidade" e "redundância" antes atribuídas de modo estanque aos campos do erudito e do popular. Com efeito, no contexto "pós-utópico" mais do que desenhado na passagem dos anos 1980 para os 90, em contexto de reabertura democrática, era o avesso desse quadro que se havia cristalizado.

A canção "O estrangeiro" reconstrói poeticamente esse pesadelo, em que o sujeito está isolado numa situação sinistra, postado de costas para um cenário conhecido mas estranhado, onde o novo e o antigo se combinam nas figuras de "um velho com cabelos nas narinas", trajando um soturno "terno negro", e "uma menina ainda adolescente e muito linda". A alternância circular entre dois acordes simples, obsessivamente arpejados, reforça a sensação de aprisionamento em uma estrutura que se move mas não repousa — replicando a sugestão de congelamento temporal da letra ("em que se passara, passa, passará o raro pesadelo") —, num moto-perpétuo que vai sendo tensionado de modo crescente pela sujeira ruidosa das guitarras e pelos motivos dobrados dos teclados.

O ápice dessa estrutura narrativa impressionista acontece na hora em que a voz que canta assume com ironia teatral o papel daquele para quem se recusa a olhar — o velho —, tornando-se porta-voz do discurso autoritário:

É chegada a hora da reeducação de alguém
Do Pai, do Filho, do Espírito Santo, amém
O certo é louco tomar eletrochoque
O certo é saber que o certo é certo
O macho adulto branco sempre no comando
E o resto é o resto, o sexo é o corte, o sexo
Reconhecer o valor necessário do ato hipócrita
Riscar os índios, nada esperar dos pretos

Nesse trecho, à sua voz vem se somar uma outra — a da menina —, fantasmática e metalizada, cuja presença parece dar renovado fôlego àquele discurso sinistro. E, significativamente, em apresentações com uma banda mais reduzida ou apenas voz e violão, Caetano costuma saltar uma oitava para cantar esse refrão, acentuando assim o descolamento do trecho em relação ao resto da canção.

Em "Alegria, alegria", a eficácia do discurso cancional estava na afirmação de independência ideológica do eu que canta, que, sob uma cama orquestral de cordas sintetizadas, soando como um órgão de igreja, numa marchinha propositalmente ingênua, podia desenhar claramente linhas melódicas descendentes ("O *Sol* nas bancas de revista/ Me enche de alegria e preguiça/ Quem lê tanta notícia?") concluídos ascendentemente ("Por que não?"), reforçando sua atitude de deslocar-se decididamente no espaço. Já em "O estrangeiro", a pouca extensão melódica do canto circunscreve a voz principal em uma altura média colocada muitas vezes em registro semelhante ao das notas agudas dos acordes pontilhisticamente arpejados, não deixando que ela se destaque claramente do vasto e labiríntico universo sonoro que povoa a música.

No entanto, mesmo fundindo-se com a voz que rejeita, o sujeito que canta emerge do pesadelo entendendo "o centro do que estão dizendo aquele cara e aquela". A canção é um "desmascaro" que põe a nu a realidade descrita — esse novo consenso conservador cantado em um "duplo som", que deixa sem lugar histórico a utopia de sua geração. Pois o pesadelo é uma construção ("eu não sonhei"), um exercício poético de tornar-se "cego" diante do lugar conhecido, para poder enxergar melhor aquilo que o hábito de quem está preso ao presente constantemente impede que se veja, anunciando, por fim, a revelação: "O rei está nu/ Mas eu desperto porque tudo cala frente ao fato de que o rei é mais bonito nu".

Atitude que se abre para a percepção do excesso e da falta que constituem a paisagem cantada. Ou, em outras palavras, para a "ao mesmo tempo bela e banguela" Guanabara, cuja duplicidade se reatualiza na situação contemporânea desse enigma-Brasil. Fica claro, portanto, que o estrangeiramento no tempo, realizado como desrecalque simbólico na canção citada, não representa uma fuga da urgência histórica contida na criação artística. Mas, ao contrário, a atualização de um permanente exercício de lucidez em relação ao mundo presente, e ao modo como o artista pode vir a tensioná-lo, revelando suas insuspeitadas arestas.

UM SHOW DE JORGE BEN JOR DENTRO DE NÓS

Já no disco seguinte, *Circuladô*, o que parece estar deslocado é o lugar: o Brasil, visto como um estrangeiro diante do quadro restritivo de uma "nova ordem mundial". O que não quer dizer que o mal-estar ante o neoconservadorismo dos novos tempos tenha sido apaziguado. Ao contrário, o sujeito indeterminado ("alguma coisa") que na canção "Fora da ordem" aparece como estando deslocado — em que adivinhamos a referência ao Brasil — nada mais é do que uma extensão coletiva (cultural, geográfica) daquele "eu" da canção "O estrangeiro". Assim, esse novo movimento não nega aquele surgido em *Estrangeiro*. Antes, representa um aprofundamento de sua fratura, mirando a falta de lugar definido para um país como o Brasil no cenário de uma globalização excludente, que o presidente norte-americano de 1989 a 93 George Bush (pai) havia chamado de "nova ordem mundial".

Contudo, o que aparece tematizado na canção não é exatamente a exclusão que os países ricos, alinhados a essa "nova ordem", impõem àqueles considerados economicamente pobres, como o Brasil, mas a exclusão congênita, intestina, que se autoalimenta da própria miséria do país: assassinatos, tráfico de drogas, crianças morando nas calçadas e brincando com armas, montanhas de lixo nas ruas, esgotos a céu aberto. Um estado precário de eterna construção que não chega a se completar, transformando-se logo em abandono: "Aqui tudo parece que é ainda construção e já é ruína", verso que faz referência à percepção de Lévi-Strauss sobre São Paulo, como símbolo do que significa a cidade na América.[4]

Por outro lado, a canção não fixa a representação do país nessas imagens unicamente abomináveis — dominantes em outra faixa do disco, "O cu do mundo" —, mas estrutura-se em uma construção dual que alterna essas estrofes catastrofistas a outras que expressam belezas intensamente afirmativas, "pletora de alegria": as coxas de uma "acrobata mulata", o grupo teatral Intrépida Trupe, o cantor e compositor Jorge Ben Jor. Terrível e luminoso, o Brasil não está nem incluído na "nova ordem mundial", podendo gozar de seus privilégios, nem comprometido ideologicamente com suas causas. E é justamente tal ambiguidade que vem determinar a dificuldade de se encontrar um lugar certo para o Brasil nessa "nova ordem". Ou melhor, o que está "fora da ordem", na canção, é precisamente esse não lugar que representamos, que parece flutuar "entre a delícia e a desgraça, entre o monstruoso e o sublime" ("Americanos"), não cabendo em ordens esquemáticas novas ou velhas. Daí a babel sonora que emerge da sobreposição de vozes que cantam o refrão "Alguma coisa está fora da ordem/ Fora da nova ordem mundial" em diversas línguas (inglês, francês, espanhol e japonês, além, é claro, do português).

Aqui, ao contrário de "O estrangeiro", a canção surge com uma sonoridade esvaziada, em que as imagens que vão sendo anunciadas sequencialmente pelo canto, como num noticiário jornalístico, são conduzidas pelo pulso oco e seco de baixo e bateria. O componente harmônico (*lá* menor e *ré* menor), que daria corpo e colorido àquela "construção", desponta apenas nos comentários de guitarra — mais suingada e arranhada do que harmônica —, que entram e saem de sua cadência contínua, enervando-se abruptamente em alguns momentos, mas logo recuando para dar lugar ao pulso principal, repetitivo e desencorpado. Assim, o elemento novo que vai surgindo com ênfase à medida que a canção se torna mais complexa e expõe a sua ambiguidade temática é o componente rítmico: congas, tamborins, repeniques e surdos, que sufocam a bateria, como uma "construção" que se ergue por dentro da "ruína", acompanhando o movimento de uma outra ordem cifrada na letra da canção: a própria palavra "ordem", que se insinua semanticamente entre "Ben Jor" e "dentro", no interior da frase "um show de Jorge Ben J*or den*tro de nós".

Pletora de alegria, a referência a uma ordem-Jorge Ben Jor que se desenha "dentro de nós" indica não a "nova ordem mundial", mas, talvez, a *nossa* ordem mundial, como uma baliza futura que se lê no presente. Em outra ocasião, Caetano já observou que "o artista Jorge Ben Jor é o homem que habita o país utópico trans-histórico que temos o dever de construir e que vive em nós".[5]

AS COISAS MIGRAM E ELE SERVE DE FAROL

Em 1992, duas efemérides se completavam simultaneamente: os cinquenta anos de Caetano Veloso, e os vinte anos de sua volta do exílio. E, ao longo do show *Circuladô*, que estreara no início daquele ano, essas informações biográficas como que se condensavam pouco a pouco na sequência de canções apresentadas, que combinava uma releitura do tropicalismo com uma interpretação enviesada do Brasil, ultrapassando o dado biográfico na medida em que era capaz de fazer da experiência pessoal a chave para uma mirada crítica da realidade. É como se ao completar cinquenta anos, aproximando-se de se tornar "O homem velho" da canção composta oito anos antes, após a morte de seu pai, Caetano pudesse agora sentir e representar a sua própria história como um "farol" diante da migração das coisas. E, nesse sentido, retomar e reprocessar artisticamente o recalque pessoal do exílio, transformando-o numa senha para algo novo. Estavam fermentando, ali, os ingredientes que o levariam a escrever *Verdade tropical* (1997), seu livro de memórias e reflexões sobre as circunstâncias culturais que envolvem o período do tropicalismo, sua prisão e exílio.[6]

Situado entre o "desmascaro" revisionista de *Estrangeiro* (1989) e a nova versão mais programática de *Tropicália 2* (1993, em parceria com Gilberto Gil), o show *Circuladô* (1992) realiza o resgate mais denso das circunstâncias históricas que permeiam a carreira musical de Caetano, atualizando problematicamente suas questões. Não por acaso, está localizado no intervalo entre dois textos muito importantes escritos pelo artista naquele período: "Carmen Miranda Dada" (1991),[7] publicado no *The New York Times*, e "Diferentemente dos americanos do Norte" (1993), conferência feita no MAM-RJ, em que definiu o movimento tropicalista como uma "descida aos infernos".

É conhecida a habilidade de Caetano em construir discursos desconcertantes através da costura de canções que se comentam mutuamente — suas e de outros autores —, gerando sentidos em segundos e terceiros graus, em teias complexas de relações cruzadas. Mas a trama urdida no show *Circuladô* é digna de menção especial. Ali, somadas ao repertório recente, que incluía "Fora da ordem" e "Circuladô de Fulô" (musicalização de um poema em prosa de Haroldo de Campos), outras canções pontuavam momentos nodais de sua trajetória artística, como "Alegria, alegria", "Baby", "Os mais Doces Bárbaros" e "Um índio", de sua autoria, e "Chega de saudade" (Tom Jobim e Vinícius de Moraes), "Disseram que eu voltei americanizada" (Vicente Paiva e Luiz Peixoto, sucesso de Carmen Miranda), "Debaixo dos caracóis dos seus cabelos" (Roberto e Erasmo Carlos) e "Jokerman" (Bob Dylan), além do medley "Black or White" (Michael Jackson)/ "Americanos" (Caetano Veloso).

Evitando embrenhar-se demasiadamente nessa teia de relações, podemos apontar aí a eleição de dois momentos particulares em sua carreira: o tropicalismo, de 1967, e a criação coletiva de Doces Bárbaros, de 1976. Ao lado disso, há a presença absoluta de João Gilberto, através da canção que Caetano considera a obra mestra da bossa nova e da música popular brasileira de todos os tempos ("Chega de saudade"),[8] e que, por pudor, nunca havia cantado em público até aquele ano; as referências múltiplas aos Estados Unidos e às relações entre norte-americanos e brasileiros, apontando para Carmen Miranda, a "exilada" da MPB e musa do tropicalismo; e a figura ímpar de Roberto Carlos, líder da jovem-guarda, ligado ao capítulo decisivo do exílio londrino. Todas essas informações se cruzavam subliminarmente no denso depoimento feito em tom de íntima confissão, que preparava a apresentação de "Debaixo dos caracóis dos seus cabelos".

Simultaneamente retrospectivo e prospectivo, esse discurso aparecia com a força persuasiva de uma súbita revelação, expondo às claras tanto a motivação real daquela famosa "canção do Roberto", que uma vez revelada tornava cristalinos versos antes obscuros como "você só deseja agora voltar pra sua gente",[9] quanto sua importância íntima para o próprio Caetano, aludindo, também, ao poder curativo das canções em sentido amplo — afinal, tratava-se de um gesto de carinho e cumplicidade, mediado pela canção, vindo de alguém que era não apenas um ídolo, mas um cantor e compositor popular reconhecido como "rei" pelo povo do país. Reside aí um aspecto fundamental do que foi exposto como verdade intensamente vivida no depoimento de Caetano naquele show: a MPB habita uma região profunda do *ser do Brasil*,[10] daí a presença concentrada do país na figura do rei Roberto, tão importante naquele momento de tamanha fragilidade pessoal de Caetano, que, mais tarde, observaria o seguinte: "nós sentíamos nele a presença simbólica do Brasil. Como um rei de fato, ele claramente falava e agia em nome do Brasil [...]: ele era o Brasil profundo".[11] De maneira complementar, a agudeza crítica de sua reflexão sobre a existência de um nexo necessário entre a ditadura militar e o "ser" do Brasil, recusando demonizá-la como uma manifestação anômala, e, portanto, estranha à realidade que a produziu, faz com que esse depoimento pessoal pareça deslizar do registro da experiência pessoal para a esfera da crítica distanciada. Essa é, na realidade, uma das qualidades mais poderosas e penetrantes da persona artística de Caetano Veloso: a capacidade de combinar de modo produtivo e desconcertante suas experiências pessoais e reflexões públicas, num fluxo em que ambas as esferas se estimulam e potencializam reciprocamente. Em sua poética, todas as afirmações são inegavelmente pessoais. No entanto, nenhuma delas é privada.

No caso, a mesma constatação que poderia beirar o masoquismo, se tomada no plano individual — quem te expulsa é o próprio Brasil, aquele que você ama, e não o seu inimigo —, é, ao mesmo tempo, a chave que permite descortinar uma visão mais livre da realidade social, quando vista a partir do desterro "de um mundo tão distante". Em outras palavras, é como se aquilo que sangra no peito ("uma saudade, um sonho"), no luto do exílio paradoxalmente potencializasse a operação de estranhamento e desidentificação já inerente ao tropicalismo — sua programática recusa de crenças e tradições culturais supostamente genuínas e consensuais, como que ancorada no ponto de fuga de um olhar estrangeiro.

Por isso, o trauma da separação abrupta do país, violentamente instaurado com o choque da prisão e lentamente prolongado na agonia do exílio, descortina com mais nitidez a visão daquelas "arestas insuspeitadas" na paisagem que emblematiza o "ser do Brasil", tematizadas muito mais tarde em "O estrangeiro" — pesadelo construído que pode ser pensado, portanto, como um exílio em casa. Daí o perigo redobrado, percebido pelo artista na situação que se desenha a partir do exílio consumado: a transformação de Caetano e Gil em mártires-heróis da luta política, indissociavelmente relacionada, naquele momento, ao nacionalismo estético e ao engajamento combativo da canção de protesto.

É como se as forças diluidoras surgidas por dentro da bossa nova nos anos 1960, responsáveis por integrar os "acordes dissonantes" ao "som dos imbecis" ("Saudosismo", 1968), contra as quais o tropicalismo havia se levantado, agora os quisessem sacralizar, transformando-os em ídolos e neutralizando sua veia crítica real. É do vírus dessa doença paralisadora e acomodatícia apelidada por Caetano de "Ipanemia",[12] "uma espécie de 'o-sistema-engloba-tudo', amadorístico", que ele vai procurar se proteger no momento de sua volta ao Brasil depois do exílio, em que afirma querer ficar na Bahia um tempão, "nesse sol, nessa burrice, nessa preguiça".[13] Daí sua recusa em levantar a bandeira de herói tropicalista naquela situação, condizente tanto com sua atitude de não enxergar a ditadura como um inimigo alheio e externo ao "ser do Brasil" quanto com sua insistência em caracterizar o show *Transa* como descompromissado,[14] acentuando o fato de que não realizava síntese alguma do que se havia passado anteriormente.

"Deita numa cama de prego e cria fama de faquir", diz ironicamente o verso da canção "O conteúdo" (1972), feita logo após sua volta à Bahia após o exílio. Essa canção, que trata do medo da morte — anunciada numa falsa profecia feita a ele naquele momento —, repelia o mau presságio com os seguintes versos: "Minha alma e meu corpo disseram: não! E por isso eu canto essa canção". Há nesse "não!", dito com todas as forças do espírito e, sobretudo, do corpo, uma contundência nova, diversa do retórico "não ao não" de "É proibido proibir" (1968), anunciando o caminho fértil do que se desenvolverá, logo em seguida, ao longo dos anos 1970.

ELE ESTÁ MAIS VIVO DO QUE NÓS

Soltos na Quarta-Feira de Cinzas de 1969, depois de quase dois meses presos, Caetano e Gil seguiram para Salvador, onde ficaram confinados até partir para o exílio, em julho. Aos 26 anos de idade, já como uma emergente estrela da música pop, Caetano voltava em silêncio, pela porta dos fundos, à cidade que tinha lhe descortinado o mundo da vida artística e cosmopolita quando lá viveu, entre os anos 1960 e 65.

Em Londres, por um período de pouco mais de um ano (setembro de 1969 a dezembro de 1970), Caetano enviava artigos para o semanário carioca *O Pasquim*. Escritos em uma prosa marcadamente pessoal, esses textos refletem tanto a inquietude do seu pensamento acerca dos sinais esparsos e estrangeiros que lhe chegavam fragmentariamente do Brasil quanto o estado de espírito depressivo em que se encontrava. Em um deles, escrito em novembro de 1969, elabora uma dolorosa análise de sua situação artística a partir de uma observação muito particular: "Hoje quando eu acordei eu dei de cara com a coisa mais feia que já vi na minha vida. Essa coisa era a minha própria cara".[15] Redigido sob o forte impacto de estranhamento/autorrevelação causado pela súbita visão de uma foto sua e de Gil tirada já no exílio na capa da revista *Fatos & Fotos*, esse artigo expõe de modo cru um procedimento ao mesmo tempo paródico e sincero de fundir a auto-observação e o diagnóstico distanciado da realidade, criando um curto-circuito entre o masoquismo pessoal e a clarividência de uma verdade mais geral, latente mas encoberta. Assim escreve:

> Talvez alguns caras no Brasil tenham querido me aniquilar; talvez tudo tenha acontecido por acaso. Mas eu agora quero dizer *aquele abraço* a quem quer que tenha querido me aniquilar porque o conseguiu. Gilberto Gil e eu enviamos de Londres *aquele abraço* para esses caras. Não muito merecido porque agora sabemos que não era tão difícil assim nos aniquilar. Mas virão outros. Nós estamos mortos. Ele está mais vivo do que nós.[16]

Aqui, para além do reconhecimento amargurado de aniquilamento subjetivo ("nós estamos mortos"), surge a referência tanto a forças novas, vindas do futuro ("virão outros"), quanto a um "Ele", no presente, que parece situar-se num estado também intermediário entre a vida e a morte, estando, no entanto, mais próximo da vida do que o sujeito que escreve a frase. "Ele" é Carlos Marighella, líder da guerrilha urbana, e dirigente da Ação Libertadora Nacional (ALN), que havia sido assassinado pela polícia poucos dias antes. Sua imagem, morto, aparecia contracenando, naquela capa de revista, com a foto de Caetano e Gil exilados — história que é recontada por Caetano na canção mais recente "Um comunista" (*Abraçaço*, 2012).

É conhecida a afinidade que os dois compositores sentiam com os jovens guerrilheiros da luta armada ainda antes da prisão, e que já estava sugerida nas canções "Soy loco por ti, América" (Gilberto Gil e Capinan; gravada por Caetano em seu primeiro disco individual, em 1968) e "Enquanto seu lobo não vem" (Caetano Veloso, que fala de um desfile carnavalesco-militar subterrâneo, citando a melodia da Internacional Comunista). Identificação "à distância, de caráter romântico" — que, no entanto, o peso trágico da prisão e do exílio parecia reforçar —, e que diferia da incompatibilidade mútua sentida em relação à "esquerda tradicional e o Partido Comunista".[17] Em canções de 1968 como "É proibido proibir", "Questão de ordem" (de Caetano e Gil, respectivamente) e "Divino, maravilhoso" (parceria dos dois), havia explicitamente uma aproximação do tropicalismo ao mundo hippie e ao ideário dos estudantes parisienses de Maio de 68, com seu "imbricamento de esquerda com hippismo, de militância clássica com militância contracultural".[18] Porém, uma vez consumado o exílio dos dois, o caráter violento da cena poeticamente construída na canção "Divino, maravilhoso" ("É preciso estar atento e forte/ Não temos tempo de temer a morte") pareceu dominar o sentido discursivo da canção como um todo, obliterando a ambiguidade daquele campo indeterminado entre o engajamento e a alienação, com o qual brincava a canção, pouco antes da prisão de seus autores. Na sua letra, colada a uma melodia simples e de fácil empatia, quase toda acompanhada de acordes maiores, as imagens ameaçadoras de "janelas no alto", e de "sangue sobre o chão" (associada ao "asfalto mangue"), sempre precedidas por um exclamativo aviso de "Atenção", anunciam que algo ("tudo") é "perigoso", mas também, ao mesmo tempo, "divino maravilhoso" — dualidade que, para ser percebida, requer "olhos firmes" tanto para o "sol" quanto para a "escuridão".

Assim, se a súbita aproximação da imagem de Caetano e Gil ao cadáver baleado de Marighella reforçava uma identidade entre eles, lançava luz, por outro lado, sobre a enorme diferença da situação em que se encontravam naquele momento. A contundência da imagem do corpo morto do guerrilheiro, resistente como a de um Lampião urbano pego em emboscada, reforçava, por contraste, o abatimento e a inércia figurados na imagem-espelho de Caetano e Gil, em seu ostracismo melancólico. Ao mesmo tempo, aludia, ironicamente, ao estandarte, ou bandeira-poema, "Seja marginal, seja herói" (1968), do artista plástico Hélio Oiticica — estampado com a imagem em alto-contraste do "bandido" Cara de Cavalo estendido no chão —, imagem esta que, com sua transgressão inocente — mais anárquica do que política —, estivera na origem das razões que levaram Caetano e Gil à prisão.

Em 1968, após a desclassificação das canções "Questão de ordem" e "É proibido proibir" do Festival Internacional da Canção, Gil e Caetano, acompanhados pelos Mutantes, realizaram uma sequência de apresentações na Boate Sucata, no Rio de Janeiro. Esse show, qualificado por Caetano como "a mais bem-sucedida peça do tropicalismo", incluía o referido estandarte de Oiticica como um elemento entre outros do cenário. Na ocasião, um juiz de direito se indignou com o estandarte, conseguindo suspender o show e fechar a boate. Foi apenas alguns meses mais tarde, preso, que Caetano veio a saber, pelo major Hilton, que aquele episódio se desdobrara em uma denúncia à polícia feita pelo jornalista Randal Juliano, pedindo a prisão dos dois.[19]

No mês seguinte, já no ano de 1970, Caetano envia um novo artigo a *O Pasquim*, em que complementa e remata as afirmações anteriores:

Quero dizer que se eu falei que morri foi porque eu constatei a falência irremediável da imagem pública que eu mesmo escolhi aí no Brasil. Quando eu me congratulei com aqueles que me fizeram sofrer, eu estava querendo dizer que, dando motivo para crescer uma compaixão unânime por mim, que vira prêmios e homenagens e capas de revistas muito significativas, eles conseguiram realmente aniquilar o que poderia restar de vida no nosso trabalho.[20]

YOU DON'T KNOW ME AT ALL

Na volta de Londres, no início de 1972, Caetano e Gil chegam com espetáculos catárticos e vivamente musicais. O disco *Transa*, cujo show já fora apresentado no Queen Elizabeth Hall, em Londres, no ano anterior, caracteriza um momento de virada muito significativo na carreira musical de Caetano, que equivale em intensidade artística a essa passagem tão decisiva em sua vida.

Muito mais desinibido como cantor e instrumentista, e interessado cada vez mais na "transa" expressiva do palco, ele cria longas canções-rituais que fundem composições inéditas a uma miríade de outros cantos, como sambas de roda, temas de capoeira, cânticos de igreja, atravessados por ritmos também diversos, como baião, afoxé, reggae, blues-folk e rock. Essa explosão do formato tradicional da canção — em duração, linearidade discursiva e homogeneidade de gênero musical —, também inclui uma incorporação da poesia barroca de Gregório de Matos ("Triste Bahia"), além de uma interpretação-recriação do samba clássico de Monsueto Menezes ("Mora na filosofia") e um flerte com a antes renegada fase expressionista da bossa nova, com a laialadaia de "Reza", de Elis Regina e Edu Lobo ("You Don't Know Me").[21]

De volta daquela *"long and winding road"* ("It's a Long Way"), soprada por uma *"old Beatle song"*,[22] Caetano conserva o peso da morte anteriormente declarada (*"We're not that strong, my Lord/ You know we ain't that strong"*), mas afirmando agora veementemente em resposta: *"I'm alive"*. Ou melhor: "I'm alive and vivo muito vivo" ("Nine Out of Ten"). Essa descontração nova, associada à alegria de cantar, vem embalada pela exaltação dos sentidos mais imediatos, como chorar com as estrelas de cinema (*"Nine out of ten movie stars make me cry/ I'm alive"*) ou sentir a pancada do som no estômago. Impulsos vitais que a música rastafári, o reggae, faz acordar, na paisagem antes cinza e pacífica das ruas de Londres ("London, London"). O ritmo de reggae, que em "Nine Out of Ten" se anuncia em uma pequena vinheta tocada apenas no início e no fim da música, retorna na regravação da canção em *Velô* (1984) como o pulso principal do arranjo, transformando-se, ao final, em batucada de escola de samba.

O álbum *Transa*, com arranjos de Jards Macalé, Tutti Moreno, Moacyr Albuquerque e Áureo de Sousa, além do próprio Caetano, é o primeiro "trabalho de grupo" em sua carreira — orgânico e espontâneo, gravado quase como um show ao vivo.[23] Como num longo transe, as canções parecem fundir-se em um contínuo que vai se transformando sem perder seu pulso subterrâneo, nas conduções de violão, baixo e bateria/percussão. Reforçando essa cadência, o canto multiplica a entoação de células sonoras repetidas (*"long'l' long'l' long' long"*), feitas de espelhamentos internos ("laialadaia") ou distendidas melodicamente a partir de um motivo inicial ("eeeeeeeeeu vou lhe dar a decisão", "woooowooooke up this morning", "triiiiiiiiiiste recôncavo"), realizando musicalmente o perpétuo jogo de passagem e permanência cantado em "It's a Long Way": "A água com areia brinca na beira do mar/ A água passa e a areia fica no lugar".

A originalidade de sua performance musical em *Transa*, por sua vez, representa o aprofundamento de um caminho aberto no disco anterior (*Caetano Veloso*, 1971), sobretudo nas interpretações altamente pessoais das faixas "Maria Bethânia" (Caetano Veloso) e "Asa branca" (Luiz Gonzaga e Humberto Teixeira), terminadas em longos lamentos vocais afiados no lirismo cortante da cultura do Nordeste, que reaparece em sua obra entronizada na firmeza de uma voz vibrando sob o fio tenso de notas longamente sustentadas, e não mais tematizada na "nostalgia de tempos e lugares" de algumas de suas canções iniciais. Como o artista já deixava claro no texto de contracapa do disco *Domingo*, de 1967: "A minha inspiração não quer mais viver da nostalgia de tempos e lugares, ao contrário, quer incorporar essa saudade num projeto de futuro".

"Asa branca", em particular, marca o momento inaugural de sua hoje tão consagrada vocação de intérprete criador. Pois, se já havia uma inegável inteligência paródica, somada a uma destreza vocal, em muitas das suas interpretações tropicalistas, como em "Coração materno" (Vicente Celestino), ou na imitação de Orlando Silva em "Paisagem útil", é evidente que a gravação de "Asa branca" significa um salto para outro patamar criativo. Um salto que implica a criação de um estilo pessoal de interpretação, na poderosa integração formal entre os modos de cantar e de tocar violão, pois foi justamente em Londres que Caetano ganhou fluência e confiança ao tocar violão, muito embora não tenha se tornado um exímio violonista, nem tenha pretendido isso. Salto este que envolveu, assim, tanto experimentações silábico-sonoras que parecem mastigar antropofagicamente [24] os antigos exercícios mentais quanto a amplificação de uma perspicácia definitivamente aguçada na capacidade lírica de extrair sentidos exponencialmente novos do cruzamento de elementos dados. Um exemplo é a sutil substituição, em sua versão de "Asa branca", do refrão instrumental da canção, composto de intervalos de terças em movimento descendente, pelo equivalente instrumental de outra canção: "Assum preto" (dos mesmos compositores), cujo caminho melódico, também descendente porém menos linear, é sensivelmente mais profundo e melancólico.

Essa destreza vocal, que vai buscar inspiração no cantar nordestino, assim como no fado português, se destaca pela veia melismática, de fazer vibrar notas cromaticamente em meios tons, ou microtons, em cantos hipnóticos, que remontam às culturas árabe e hindu. Algo que fica evidente, por exemplo, em sua interpretação de "Estranha forma de vida", de Amália Rodrigues, mas que aparece também em muitas canções do próprio Caetano, como "Odara", em que a sílaba "da" da palavra "odara" não é cantada nem como a terça do acorde (*sol*) nem como a quarta (*lá*), mas como um *sol* sustenido que fica vibrando numa região difusa entre o *sol* e o *lá*. Interessante pensar que esse recurso aos melismas, em Caetano, representa, de certa forma, o resgate de formas mais expressionistas de cantar, que haviam sido negadas pela depuração do canto de João Gilberto. Porém, sem negar esse raciocínio, é preciso perceber que a limpidez vocal de João também se caracteriza pela emissão de notas/ sílabas que parecem de repente arranhar a sua garganta, produzindo uma forte passionalização, como em "Che il cuore mio vorrebbe cance_llar_" ("Estate"). Algo que Caetano faz muito, e também muito bem, por exemplo em: "Você é minha droga/ Paixão e car_naval_" ("Meu bem, meu mal").

THE AGE OF MUSIC IS PAST

Significativamente, esse encontro pleno com a música, na carreira de Caetano, se dá sob o pano de fundo mais geral de uma desestruturação daquilo que se chamou a "era da canção", iniciada com os Beatles — tematizada explicitamente em "Nine Out of Ten": "... *the age of gold/ the age of music is past/ I hear them talk as I walk yes I hear them talk/ I hear they say: 'expect the final blast'*".

Na Inglaterra, Caetano e Gil assistiram a festivais de música que marcaram época, como o de Glastonbury (junho de 1970) e da Ilha de Wight (agosto de 1970), em que rock, psicodelismo, astrologia, ácidos lisérgicos e profecias escatológicas se combinavam em um clima de simultâneo ápice e declínio das energias criativas que os haviam tornado possíveis. Nesse contexto, tanto Gil quanto Caetano puderam flagrar essa situação de crise e transição no calor da hora, tendo justamente a experiência das duas "cidades-festival" como baliza. No caso de Gil, elaborando uma versão pessoal do alerta de John Lennon em "God" (*"the dream is over"*), através da canção "O sonho acabou", que se reporta à sua visão do último amanhecer em Glastonbury, com as barracas sendo desmontadas e a cidade-acampamento abandonada.[25] No caso de Caetano, decodificando o abissal descompasso entre a estranheza viva de um novo Jimi Hendrix surgido fulgurantemente no palco da Ilha de Wight — apenas dezoito dias antes de sua morte — e a apatia da plateia diante dele, dividida entre a perplexidade e a animação nostálgica.

Segundo Caetano, em reportagem escrita para *O Pasquim*, Hendrix entrou no palco com um projeto difícil em mente: ligar a multidão sem recorrer às performances e ao repertório que o celebrizaram. E, nesse percurso, diante de um público "frio e assustado", acabou tomando partido das dificuldades técnicas surgidas com a regulagem dos amplificadores, fazendo um espetáculo que era uma mistura indefinida de show e passagem de som em que, entre caretas e microfonias, não era possível distinguir o improviso e o provisório. "Tudo aquilo estava no passado, e, no entanto, ele estava presente, novo em folha, saudável", anota. "E o seu olhar quebrou o espelho."[26]

Vivendo em uma cidade que estava no centro dos acontecimentos artísticos de vanguarda, Caetano registra com lucidez, em alguns desses artigos enviados a *O Pasquim*, a gravidade da situação presente. Em um, escrito no raiar dos anos 1970, anota com argúcia o temor de que aquela viesse a ser "a década do silêncio". O que se devia a duas razões. A primeira, seria um possível deslocamento de ênfase entre as artes: "os anos 1970 ainda não soaram. E talvez não soem. O que há é Yoko Ono, que não tem nada a ver com som".[27] A segunda, mais grave, era política. E, para caracterizar isso, refere-se à capa da revista *Time*, que abria a década homenageando "a maioria silenciosa"[28] — expressão usada pelo presidente norte-americano Richard Nixon agradecendo à calada aceitação, pela população, da guerra do Vietnã. Um traço de inequívoco conservadorismo.

É evidente a sua percepção, nesse momento, da emergência de uma sociedade de massas nova — mais informe e movediça —, crescendo por dentro daquela outra, para quem a cultura pop e o tropicalismo pediam simpatia. Uma "maioria silenciosa" que, com sua inércia muda, obsoletava o ímpeto transgressor da planejada "explosão colorida" da geração dos 1960 — tomando a expressão de Celso Favaretto, em alusão a um verso de "Superbacana" —,[29] exigindo, agressivamente, a formulação de um projeto novo. Caetano, nesse momento, enxerga tanto a "guerra interna frouxa", que fazia adormecer o mundo protegido das "cidades-festival", quanto a capacidade de Jimi Hendrix ou dos Rolling Stones (de "Salt of the Earth", *Beggar's Banquet*, 1968) de explodir aquelas resguardadas fronteiras.

Suas reportagens londrinas, escritas no calor da hora, nos aparecem hoje como boletins cristalinos de um momento complexo em que a produção artística mais viva começava a perder conflito, buscando recuperá-lo na denúncia radical dos próprios artifícios que a mantinham de pé, virando-os de ponta-cabeça. Isto é, buscando desesperadamente sobreviver em meio à domesticação da rebeldia anterior. É o caso das furiosas declarações anti-Beatles de John Lennon ("nós já tivemos que mentir demais") e do desprezo de Jimi Hendrix *Experience* e de Cream (grupo formado por Eric Clapton, Ginger Baker e Jack Bruce) por suas carreiras de conjunto. Como registra Caetano, "todos parecem querer destruir as certezas estéticas que vieram com eles. Seja como for, ninguém está à vontade no papel de figura definitiva de uma bela história".[30]

Assim, tanto na canção de Gil quanto na análise de Caetano, a percepção trágica de uma situação de crise e diluição não deixa de apontar uma clara direção de futuro. Na primeira, pela promessa de um eterno retorno contida na sugestão do "sonho" como uma "pílula de vida" que, uma vez engolida, repercutirá mais adiante ("O sonho acabou/ Dissolvendo a pílula de vida do Doutor Ross/ Na barriga de Maria"). Na segunda, com a implacável conclusão mirada no olhar futuro de Hendrix pouco antes de morrer:

> Essa era de música acabou. A era da música? A era do despedaçamento planejado e colorido, a era de uma juventude que se cria o sal da terra, a era da embriaguez e do lazer mais ou menos perigoso, a era das crianças da classe média *on the road*, a era da pele, dos cabelos. A era das drogas que, segundo *O Globo* e o *Evening Standard*, mataram Jimi Hendrix. Quem é o sal da terra? [...] O que é o sal da terra? Que aquilo que Jimi Hendrix vislumbrou antes de morrer seja mais eficaz.[31]

Acordes dissonantes pelos cinco mil alto-falantes

Ao redor do tropicalismo, 1962-68

O TROPICALISMO, ANTES DE DESPONTAR, em 1968, como um movimento de intervenção organizado por artistas da área de música popular — Caetano Veloso, Gilberto Gil, Gal Costa, Tom Zé, Torquato Neto, José Carlos Capinan, Os Mutantes —,[1] remetendo-se a um conjunto amplo de manifestações de vanguarda — teatro, cinema, artes plásticas, artes gráficas, literatura —, resultou de rupturas artísticas que eclodiram em múltiplas frentes ao longo do ano anterior.

Estão entre essas rupturas, como bem lembra Flora Süssekind, a instalação *Tropicália*, do artista plástico Hélio Oiticica, que integrava a mostra Nova Objetividade Brasileira, inaugurada no Rio em abril de 1967; o filme *Terra em transe*, de Glauber Rocha, que estreou em maio; a própria canção "Tropicália", composta por Caetano entre agosto e setembro; a peça *O rei da vela*, de Oswald de Andrade, encenada pelo grupo Oficina a partir de setembro; a apresentação de "Alegria, alegria" e "Domingo no parque" (de Caetano e Gil, respectivamente) no III Festival da MPB, em outubro; e o romance *Panamérica*, de José Agrippino de Paula, também lançado nesse mesmo ano.[2]

Essa floração cultural foi preparada por duas décadas de regime democrático no país, mas que só poderia desabrochar diante do violento corte de perspectivas representado pelo golpe militar em 1964, e pelo endurecimento que preparou o Ato Institucional nº 5 (AI-5), em dezembro de 1968. Nesse sentido, elas concentravam as energias de transformação fermentadas nas agitações revolucionárias dos anos 1960, que faziam da América Latina um epicentro mundial de acontecimentos significativos. Por outro lado, só teriam sua ignição disparada no contexto explosivo do biênio 1967-8 e nas contradições que ali se explicitavam.

Flagrando um país situado à margem do "avanço econômico" — margem que não significava alheamento ao sistema, mas inclusão por "migalhas" e "estilhaços" ("Superbacana") —, essas manifestações de ruptura partiram de uma autocrítica da ilusão de desenvolvimento do período anterior, propondo-se assumir as contradições da modernização em curso pela exposição crua de suas entranhas.

É nesse quadro de radicalização combativa que se compreende tanto a "estética da fome" de Glauber Rocha no Cinema Novo, que elege o subdesenvolvimento como arma de guerrilha estética, quanto a violência antropofágica da encenação do Teatro Oficina, cujo efeito de choque estava no ataque ao "espectador" de teatro, obrigando-o a se despir da passividade cínica e autoprotegida da cultura burguesa. Nas palavras de Zé Celso Martinez Corrêa, diretor do Oficina, aquela revolução cultural guiou-se pela intenção de destruir um "Brasil de papelão", no sentido do "reencontro da participação coletiva", e da "procura da Outra História do Brasil, da que vinha das resistências dos escravos, dos índios, dos imigrantes, dos seus auditórios loucos para participar...".[3] Na mesma direção, Hélio Oiticica falava em "dissecar as tripas dessa diarreia" Brasil. Isto é: "mergulhar na merda", expor ostensivamente o "cafona" para desbloquear a eterna "prisão de ventre nacional": o *velhaguardismo*, o "bom gosto".[4]

No caso da música popular, o mesmo espírito de negatividade alimentou o assim chamado tropicalismo, na incorporação da música comercial cafona, dos instrumentos eletrônicos importados e do ruído dissonante, na colagem heteróclita de referências várias com vistas à dissolução dos gêneros musicais, e na construção paródica e alegórica de imagens sincréticas do Brasil, em que se justapõem modernidade internacional e arcaísmos patriarcais.[5] O crítico literário Roberto Schwarz, num texto em que reflete sobre o imbricamento entre cultura e política nesse período,[6] observa que a matéria-prima da operação de desmistificação tropicalista era o próprio "espetáculo de anacronismo social" explicitado pelos compromissos ideológicos da ditadura militar instalada no país. Ou melhor, a "cotidiana fantasmagoria" resultante da combinação produtiva entre o alinhamento ao imperialismo norte-americano "avançado" e a aliança aos setores mais "atrasados" e conservadores da sociedade brasileira — rurais, tradicionais, católicos.

O tropicalismo não evitou enfrentar tais aberrações. Ao contrário, incorporou acintosamente as renitências líricas, caricatas e sinistras do velho Brasil, filtrando-as parodicamente "à luz branca do ultramoderno",[7] do olhar estrangeiro, da tecnologia de ponta. Assim, numa operação antropofágica desmistificadora, trouxe à tona, como um segredo subitamente revelado, esse caldo de cultura recalcado pela estética idealizante do período anterior: o desbragado sentimentalismo do universo rural, o oficialismo da retórica bacharelesca, o exotismo da paisagem tropical, o kitsch da vida suburbana, a estreiteza de horizontes da pequena burguesia católica "em volta da mesa" ("Eles"), "na sala de jantar" ("Panis et circenses", parceria com Gil), e o glamour vulgar dos bens de consumo — a "margarina", a "gasolina"

("Baby") — e das paisagens criadas pelos logotipos de empresas, como "a lua oval da Esso" ("Paisagem útil"). E o fez inventariando oposições simples (arcaico-moderno, local-universal, sério-derrisivo, miragem revolucionária-molecagem carnavalesca) para devorá-las antropofagicamente, como que a realizar a máxima oswaldiana de transformar o tabu em totem.

Essa justaposição do "cafona" ao industrialmente avançado é que vem a compor, segundo a ótica tropicalista, "a geleia geral brasileira",[8] referida em uma parceria de Gil e Torquato Neto ("Geleia geral"). Nessa canção, que se inicia com o anúncio da "manhã tropical", imagens insólitas e contrastantes ("doce mulata malvada", "elepê de Sinatra", "santo barroco baiano", "formiplac e céu de anil") aparecem como índices erráticos das "relíquias do Brasil", que se condensam no refrão exemplar: "Ê bumba iê, iê boi/ Ano que vem, mês que foi/ Ê bumba iê, iê, iê/ É a mesma dança, meu boi" ("Geleia geral"). Folclore brasileiro tradicional e folclore urbano internacional: bumba meu boi e iê-iê-iê, ou "baobá" e "yêyê" ("Batmacumba", Caetano e Gil); uma auspiciosa convergência de danças.

Trata-se, é claro, de um ataque frontal ao purismo conservador do ideário nacional-popular reinante, à sua defesa maniqueísta de uma autenticidade folclórica brasileira por oposição à invasão imperialista e alienante do rock, da cultura de consumo, da indústria cultural. E, para tanto, nada melhor do que a exaltação de um primitivismo *kitsch*, de mau gosto, ou de uma bem-humorada, estilizada e autoindulgente reversão paródica das nossas mazelas, como a marchinha de carnaval "Yes, nós temos banana" (João de Barro e Alberto Ribeiro) — ela própria uma sátira de músicas norte-americanas. Nessa canção, reinterpretada por Caetano em 1967, a crise é assumida como condição de um país condenado a ser eterno exportador de gêneros primários, como café, algodão, mate e banana (hoje commodities). Mas, na sua ironia provocativamente ingênua, essa condição não representa um fardo, e sim uma afirmação agressiva: "Somos da crise/ Se ela vier/ Banana para quem quiser".

Evidentemente não há, nessas reversões paródicas, a aceitação ou a legitimação de um vale-tudo caótico-tropical, nem a fixação da imagem do país como um absurdo nonsense. Ao contrário, tais provocações revitalizadoras são apontamentos agudos do absurdo caricato que povoa nossa vida social, e investem ruidosamente na movimentação desse estado de coisas, no sentido de sua superação. Investem contra os travos provincianos arraigados na cultura dessa ex-colônia (a tradição, "as glórias nacionais"), assumindo como libertadoras as consequências de uma modernização vindoura. Mas, para tanto, não bastaria ao Brasil aceitar passivamente tal modernização. Seria necessário forjar uma nova identidade criativa na transformação, perder-se para encontrar-se em "mundo que roda" e ir ao encontro de sua verdade, sua originalidade própria, singular, distinguindo-se das demais nações, das demais culturas.

Esse é o ambicioso projeto estético do tropicalismo, que requer a violação do baú das "relíquias do Brasil", que guardava a sete chaves o acervo dos nossos tesouros e das nossas vergonhas. Por isso é que Caetano recupera Carmen Miranda como musa do movimento, tomando-a tanto como caricatura quanto radiografia do Brasil. "A alegria é a prova dos nove", diz o lema oswaldiano reapropriado por Caetano e Gil. Mas a compreensão do tropicalismo só se completa pelo avesso da moeda, abarcando sua negatividade fundamental. Pois, situada no polo oposto da "triagem" estética bossa-novista, a "mistura" tropicalista, tal como definido por Luiz Tatit em *O século da canção*,[9] representou uma "descida aos infernos", um "começar a mexer no lixo",[10] em sintonia com o que dizia Zé Celso acerca do caráter masoquista de sua estética e com a ostentação barroquizante das nossas falências em *Terra em transe*, filme que narra as vicissitudes de um poeta que se lança na vida política, na fictícia república de Eldorado, oscilando em pesadelo entre a crítica social, o populismo demagógico e o conservadorismo religioso, sob a influência dos grandes órgãos de imprensa e das empresas multinacionais.

QUARTA-FEIRA DE CINZAS NO PAÍS

Caetano é categórico ao afirmar que nada do que veio a se chamar de "tropicalismo" teria tido lugar sem a hecatombe de *Terra em transe*. Pois a visão potente e tragicômica que ali se expunha do povo brasileiro, captado em seus paradoxos indefinidamente sugestivos ou desesperantes — como no momento em que sambistas contracenam com um padre, e "um velhinho samba de maneira graciosa e ridícula, lúbrica e angelical, alegremente perdido" —,[11] liberava a mente para enquadrar o país em perspectivas mais amplas que o ideal reinante de emancipação social através da crença nas energias libertadoras do "povo". Isto é, decretava-se num só golpe, em um escândalo de grandes proporções, a morte do populismo de esquerda.

A canção "Tropicália", matriz estética do movimento, incorpora esse estrondoso deslocamento numa montagem sincrônica de contextos em desarticulação, construindo uma imagem "grotescamente monumentalizada" do Brasil (na "alternância de festa e degradação"),[12] que ocupa o cenário moderno de Brasília, sua capital-monumento recém-inaugurada e tornada centro do poder abominável da ditadura militar: "Sobre a cabeça os aviões/ Sob os meus pés os caminhões/ Aponta contra os chapadões/ Meu nariz/ Eu organizo o movimento/ Eu oriento o carnaval/ Eu inauguro o monumento no planalto central/ Do país".

A visão algo cubista que aí se monta é formada por uma intrincada rede de associações em contraste, como a bossa e a palhoça (a bossa nova, o programa televisivo *O Fino da Bossa* de Elis Regina, e a cabana rural), Ipanema e Iracema (a praia tupi que virou canção, e a índia de José de Alencar, que é um anagrama de América), e "A banda" e Carmen Miranda (a marchinha unanimemente adorada de Chico Buarque e o nome da cantora "americanizada" que virou tabu, cuja repetição da última sílaba evoca o movimento dadá), dupla imagem final para a qual tudo converge, após a incorporação do grito de Roberto Carlos: "Que tudo mais vá pro inferno".

Musicalmente, também, essas oposições se armam na própria estrutura dos versos, alternando frases muito longas, que parecem romper a quadratura estrófica, e resoluções curtas ("E nos jardins os urubus passeiam a tarde inteira entre os/ Girassóis").[13] E o princípio da montagem sincrônica é exemplarmente explorado pelo maestro Júlio Medaglia no contraste entre a "marcha stravinskiana de abertura" e os "ruídos tropicais" percussivos, ambos criando uma atmosfera de suspense resolvida no "baião--estribilho, que, como mostra Augusto de Campos, metamorfoseia o suspeitoso 'movimento' da letra num hino festivo à bossa e à palhoça".[14] No entanto, tudo o que há de exaltação festiva na canção, ou mesmo de ufanismo irônico ("Eu organizo o movimento/ Eu oriento o carnaval/ Eu inauguro o monumento"), não oblitera seu sinal negativo fundamental, a enorme carga de dor sem esperança explícita na imagem sinistra de urubus pairando entre as flores, de uma direita populista que continua "autenticando eterna primavera" e da representação do país como um monumento fechado, sem porta, situado no ermo e sobre os joelhos do qual "uma criança sorridente, feia e morta estende a mão".

Segundo Caetano, a atitude tropicalista se alimentou da percepção de que era necessário livrar-se do Brasil formado pelo pacto populista, "com seu jeitinho e seu Carnaval", isto é: atacar a ilusão de unidade nacional e "pulverizar a imagem do Brasil carioca", enxergando-o numa mirada em que este surgisse "a um tempo super-Rio internacional-paulistizado, pré-Bahia arcaica e pós-Brasília futurista". Um projeto que, de fato, veio a se realizar em grande medida, não diretamente pela mão dos tropicalistas, mas certamente através do seu impulso, e cujo resultado é visível, por exemplo, no novo carnaval baiano "eletrificado, rockificado, cubanizado, jamaicanizado", que, por sua vez, expressa elementos de uma vitalidade urbana nova, reafricanizada e neopopizada. Sobre isso, escreve Caetano: "Tínhamos, por assim dizer, assumido o horror da ditadura como um gesto nosso, um gesto revelador do país, que nós, agora tomados como agentes semiconscientes deveríamos transformar em suprema violência regeneradora".[15]

Há aí, portanto, uma negatividade combativa tomada de empréstimo ao Cinema Novo, num momento em que a equação político-social que havia tornado possível a emergência da bossa nova já estava ultrapassada. Como diz "Cinema novo", uma canção feita mais tarde por Caetano e Gil, a bossa nova "nos salvou na dimensão da eternidade", já tendo adquirido, naquele momento, a condição de mito: "Porém aqui embaixo 'a vida', mera 'metade de nada'/ Nem morria nem enfrentava o problema/ Pedia soluções e explicações/ E foi por isso que as imagens do país desse cinema/ Entraram nas palavras das canções". Ou, como diz o texto na contracapa do seu primeiro disco individual: "os acordes dissonantes já não bastam para cobrir nossas vergonhas, nossa nudez transatlântica".[16]

"Janelas abertas nº 2", composta no exílio londrino, é uma canção que expressa essa relação de forma corrosiva, construindo um labirinto sombrio no qual o ato de matar a família — que aqui podemos interpretar como a vocação masoquista e parricida do tropicalismo — não chega a ser uma escolha voluntária, mas a antecipação de algo "que aconteceria de qualquer jeito". Sabidamente uma paródia de "Janelas abertas" (Tom Jobim e Vinícius de Moraes), canção bossa-novista na qual a ambiência melancólica e introspectiva é contradita, ao final, pela abertura solar de letra e música ("Mas quero as janelas abrir/ Para que o sol possa vir/ Iluminar nosso amor"), a canção de Caetano, ao contrário, propõe a abertura das janelas, ao final, não em busca de luz, e sim como um ato de violência regeneradora: "Mas eu prefiro abrir as janelas/ Pra que entrem todos os insetos".

Contudo, a composição de Caetano que mais explicitamente sintetiza a sua relação com a bossa nova é "Saudosismo", uma declaração de amor e humor a ela:

Eu, você, nós dois
Já temos um passado, meu amor
Um violão guardado
Aquela flor
E outras mumunhas mais
Eu, você, João
Girando na vitrola sem parar
E o mundo dissonante que nós dois
Tentamos inventar tentamos inventar
Tentamos inventar tentamos

Construída aparentemente em compasso ternário, a canção desenvolve-se, na verdade, numa sutil contraposição de tempos — quatro contra três, a chamada hemíola —, o que parece, no caso, introduzir uma inesperada marcha dentro do ambiente harmônico da bossa nova, acelerando seu andamento. A partir dessa estrutura musical — que se tornou característica do seu estilo de compor e ganhou o apelido de "marcha caetaneada" —,

"Saudosismo" revisita uma série de canções interpretadas por João Gilberto, como "Fotografia" (Tom Jobim), "Marcha da Quarta-Feira de Cinzas" (Carlos Lyra e Vinícius de Moraes), "A felicidade" (Tom Jobim e Vinícius de Moraes), "Lobo bobo" (Carlos Lyra e Ronaldo Bôscoli) e, como não poderia deixar de ser, "Chega de saudade", a mãe de todas. Revisão que incorpora suas lições construtivas: a recusa do saudosismo nostálgico ("chega de saudade") e a atitude provocativa de desafinar consensos como modo de afirmar o próprio ser ("A realidade é que/ Aprendemos com João/ Pra sempre/ A ser desafinados/ Ser desafinados/ Ser desafinados/ Ser").

"Saudosismo" é exemplar como composição de um ex-aspirante a bossa-novista virado do avesso, que presta homenagem ao seu legado eterno sem deixar de enfatizar a impossibilidade de continuá-lo formalmente, alterando seu andamento por dentro e truncando sua natural fluência harmônica com sequências de acordes paralelos, que, num isomorfismo, deixam a canção parada, aludindo à repetição insistente de um disco riscado: "A felicidade/ A felicidade.../ Lobo lobo bobo/ Lobo lobo bobo.../ Chega de saudade/ Chega de saudade...".

Nesse sentido, a oposição do tropicalismo à bossa nova não representa uma negação real desta, mas, ao contrário, a tentativa de ser o mais fiel possível à sua essência revolucionária, violenta. Pois, como afirma Caetano, "ninguém compõe 'Chega de saudade', ninguém chega àquela batida de violão, sem conhecer não apenas os esplendores mas também as misérias da alma humana". E completa: "O otimismo da bossa nova é o otimismo que parece inocente de tão sábio: nele estão — resolvidos provisória mas satisfatoriamente — todos os males do mundo".[17] Quer dizer, o que se procurava atacar, na verdade, era a diluição da bossa nova na atmosfera bem-pensante do ambiente de música popular de meados dos anos 1960, que insinuava que os grandes talentos jovens se resguardassem numa produção sofisticada e de bom gosto. Um momento de regressão estética e política, que Caetano traduziu nos seguintes versos: "Eu, você, depois/ Quarta-feira de cinzas no país/ E as notas dissonantes se integraram ao som dos imbecis/ Sim, você, nós dois/ Já temos um passado, meu amor/ A bossa, a fossa, a nossa grande dor/ Como dois quadradões" ("Saudosismo").

I'VE GIVEN UP ALL ATTEMPTS AT PERFECTION

Aparentemente o tropicalismo é menos um filho da bossa nova do que uma "filha da Chiquita Bacana". Sua atitude, alinhada à do rock, tem por base a recusa de toda perfeição — daí a graça da referência ao texto de Bob Dylan no encarte de *Bringing It All Back Home* (1965), aludindo a João Gilberto, no final de "O estrangeiro": "Some may like a soft Brazilian singer. But I've given up all attempts at perfection" ("Talvez algumas pessoas gostem da suavidade de um cantor brasileiro. Mas eu já desisti de qualquer tentativa de atingir a perfeição").[18]

Caetano sempre foi um desestabilizador de consensos, de certezas cristalizadas, agindo com a independência de quem pode entrar e sair de todas as estruturas, como bradou violentamente contra a plateia universitária na apresentação de "É proibido proibir", em 1968. Nesse sentido, como explica Luiz Tatit, Caetano é menos um artista da liberdade ("poder fazer") do que da independência ("poder não fazer").[19] É sob esse prisma que consegue contrabandear registros múltiplos e dissonantes para o interior do resguardado campo da MPB. O elenco dessas operações profanadoras é grande, e renderia um livro inteiro dedicado ao assunto. Contudo, a título de exemplo, podemos citar o namoro com o brega mais escandaloso na interpretação de "Vou tirar você desse lugar", com o cantor e compositor Odair José, no evento Phono'73, na incorporação de versos de Waldick Soriano em "Pecado original" ("Eu não sou cachorro não"), na citação de "Tapinha", do grupo de funk carioca Bonde do Tigrão, no disco *Noites do Norte ao vivo* (2001), ou, ainda, na gravação de "Você mentiu" (2019), com a cantora Anitta.

Caetano é mestre em identificar belezas em canções aparentemente banais, às vezes pouco conhecidas, e revelá-las em suas transcriações pessoais, como em "Totalmente demais" (Hanoi Hanoi), "Amanhã" (Guilherme Arantes), "La flor de la canela" (Chabuca Granda), "Un vestido y un amor" (Fito Páez) e os dois clássicos de Peninha: "Sonhos" (sucesso do disco *Cores, nomes*, de 1982) e "Sozinho" (hit responsável por alavancar a vendagem de *Prenda minha*, de 1998, à marca histórica de mais de 1 milhão de cópias). Atenção plena ao momento presente, sem filtragem entre alta e baixa cultura, que o levou, em 2017, a interpretar "Me libera nega", de MC Beijinho, que poucos dias antes era apenas Ítalo Gonçalves, um meliante preso por assalto em Salvador e que de dentro da viatura da polícia cantou seu funk-axé para uma reportagem de televisão, que a viralizou na internet.[20]

Por outro lado, Caetano é certamente o compositor que mais dialogou, em sua obra, com os poetas e os escritores do campo literário erudito, como Gregório de Matos ("Triste Bahia"), Sousândrade ("Gilberto misterioso"), Oswald de Andrade ("Escapulário"), Augusto de Campos ("Pulsar" e "Dias, dias, dias"), Maiakóvski ("O amor"), Haroldo de Campos ("Circuladô de Fulô"), Castro Alves ("O navio negreiro"), Joaquim Nabuco ("Noites do Norte"), Luís de Camões ("Tão pequeno"), sem falar na densa leitura de Guimarães Rosa ("A terceira margem do rio", com Milton Nascimento) e nas inúmeras citações e referências a poetas, romancistas, filósofos e artistas visuais, como Lorca, Keats, Stendhal, Clarice Lispector, Nietzsche, Sartre, Lévi-Strauss, Lygia Clark. Atitude que se afina a seu apreço por Walter Smetak, e à parceria tropicalista com músicos eruditos, como Rogério Duprat, Júlio Medaglia, Damiano Cozzella e Sandino Hohagen.

Na realidade, Caetano age quase sempre em registros diversos, extraindo sentidos novos dos seus cruzamentos inesperados. É o que ocorre, por exemplo, na recuperação-recriação "sincera e sóbria" da melodramática "Coração materno", de Vicente Celestino, na fabricada precariedade sonora de "Tu me acostumbraste" (F. Dominguez), que simultaneamente amplifica e descola, pela ironia, o lirismo do canto em falsete, ou na interpretação "estranhável" de "Carolina" (Chico Buarque). Em todas elas, a novidade da interpretação vem iluminar aquilo que, nessas canções, por diferentes motivos, já parecia opaco. Tal operação surge também no cruzamento sugestivo da sonoridade atonal com a guitarra pop de Arto Lindsay ("Ela ela") ou do *techno-dance* de discoteca com o dodecafonismo ("Doideca"), aludindo a situações em que os procedimentos de vanguarda vão ao encontro do pop-rock ou do eletrônico, nas franjas daquilo que poderia ser chamado de cultura de uma "minoria de massas" — experimentalismo que foi radicalizado em *Araçá azul* (1973), segundo o mote: "tenho direito ao avesso, botei todos os fracassos nas paradas de sucesso" ("Épico"). Sobre esse disco, aliás, lembra Carlos Calado que Caetano quando voltou do exílio decidiu assumir um desafio, como se dissesse: "Vou entrar no estúdio e inventar tudo na hora. Vou gritar, grunhir, fazer ruídos, tudo totalmente sem amarras". O que não deixava de revelar "uma certa influência dos então recentes trabalhos experimentais do cantor Walter Franco e do instrumentista Hermeto Pascoal".[21] Assim, as contaminações múltiplas entre o erudito e o popularesco, o sóbrio e o sentimental, o cultivado e o lixo cultural, acabam surpreendendo novidades imprevistas em cada uma das canções, renovando nossa capacidade de ouvi-las com ouvidos livres.

Apesar das diferenças de contexto e momento histórico, que evidentemente alteram a eficácia das operações empreendidas em cada situação, Caetano é sempre um atravessador dos lugares-comuns, fazendo comentários transversais aos gêneros e estilos, que rompem exclusividades de gosto, segmentações de classe e faixas de mercado. Transgressão fecunda, capaz de colocar em jogo a pergunta fundamental sobre o lugar da canção popular no Brasil e no mundo atual, e seu poder de movimentar as coisas.

NADA NO BOLSO OU NAS MÃOS

Alinhado ao procedimento essencialmente metalinguístico e dessacralizador dos principais movimentos de vanguarda nas artes em geral, o tropicalismo expõe claramente seus meios expressivos, fundindo gêneros poético-musicais diversos. Misturando o histrionismo do samba-canção da chamada Era do Rádio com o despojamento econômico da bossa nova, o tropicalismo rompe com a ideia de "forma fechada" da canção, como lembra a pesquisadora Santuza Cambraia Naves, fundando sua estética na noção de *diferença*.[22] Seguindo a mesma linha, argumenta o poeta e filósofo Antonio Cicero,[23] o antiformalismo expresso nas canções tropicalistas procura alcançar eficácia artística não por uma evolução interna à forma da canção, complexificando as harmonias, como no caso da bossa nova, mas, ao contrário, por uma explicitação conceitual das operações de colagem.

Essa forma de proceder está claramente exemplificada na descrição que Caetano faz do arranjo de "Alegria, alegria", que recusa qualquer tentativa de forjar um som homogêneo, uma nova síntese musical. Ao contrário, procura usar a sonoridade reconhecível da música comercial fazendo um arranjo que se choca com ela, sampleando retalhos musicais diversos, tomados como ready-mades.[24] O resultado, como observa Cicero, é a abertura sem preconceitos "não só a toda contemporaneidade mas também a toda tradição", com uma liberdade que, naquele momento, afrontava o tradicionalismo purista da canção de protesto, fundado na temática social étnico-regionalista. Isto é, uma demonstração corrosiva — porque vinda de dentro da MPB — de que a música popular não tem uma essência pré-fixada.

Segundo Tales Ab'Sáber, os primeiros três acordes de guitarra da canção "confrontavam e faziam *tabula rasa* das volutas imensas dos violões de Edu Lobo e Geraldo Vandré — que cantavam seus pescadores e boiadeiros concebidos em escala de Portinari". Pois aqueles acordes de choque, quase pré-punk, eram a anunciação triunfal e irônica "da própria superioridade da visada histórica do jovem artista *para o mundo como ele se daria desde então*, a partir do terror histórico circundante, baixo e excitado. O mundo da explosão do mercado".[25]

Entre 1967 e 68, os festivais de MPB viraram a arena de acontecimentos cruciais e inéditos na história cultural e política do país. Dominados pela radicalização político-doutrinária do meio estudantil de esquerda (UNE, CPC), foram o palco de embates ideológicos de grande envergadura, cuja dinâmica foi bruscamente interrompida pelo trauma histórico do AI-5. Por isso, como observa José Miguel Wisnik, representaram algo muito mais profundo do que a mera oposição entre a viola sertaneja e a guitarra elétrica, ou o didatismo militante e o experimentalismo estético. Significaram, antes, um confronto entre duas perspectivas de leitura do Brasil: a "visão épico-dramática

e nacional-popular da história e do Brasil" e a "visão paródico-
-carnavalesca, mesmo que trágica, do Brasil e do mundo".[26]

Apresentando a cultura brasileira como o "foco de choques" entre o industrial e o artesanal, o elétrico e o acústico, o urbano, o rural e o suburbano, o nacional e o estrangeiro, a arte e a mercadoria, o tropicalismo veio denunciar a pretensão à pureza expressa na canção de protesto, e o esquematismo da sua promessa de redenção salvadora. Pois, na representação tropicalista, "a história aparece como lugar de deslocamentos sem linearidade e sem teleologia, lugar de uma simultaneidade complexa em que o sujeito não se vê como portador de verdades ('nada no bolso ou nas mãos')".[27] Assim, o tropicalismo arranca a MPB universitária "do círculo do bom gosto que a fazia recusar como inferiores ou equivocadas as demais manifestações da música comercial, e filtrar a cultura brasileira através de um halo estético-político idealizante, falsamente 'acima' do mercado e das condições de classe", devolvendo-a ao seu meio real, a "geleia geral" brasileira. "No fermento de crise que espalha ao vento, o tropicalismo capta a vertiginosa espiral descendente do impasse institucional que levaria ao AI-5."[28]

Como disse Zé Celso, "68 foi, acima de tudo, uma revolução cultural que bateu no corpo",[29] referindo-se tanto à agressão sofrida nas prisões, nas torturas e nos exílios quanto à revolução libertária comportamental deflagrada ali, à inclusão do corpo no centro da cena artística, assumindo os riscos de protagonizar uma situação de ruptura sem precedentes. Compreendendo muito bem o lugar simbólico dessa transformação, Caetano encarna, como bem percebeu Silviano Santiago, o papel do superastro que embaralha, pela performance corporal, as dimensões de arte e vida. Pois Caetano, em suas palavras, "trouxe para o palco da praça e para a praça do palco o próprio *corpo*, e deu o primeiro passo para ser o superastro por excelência das artes brasileiras. O corpo é tão importante quanto a voz; a roupa é tão importante quanto a letra; o movimento é tão importante quanto a música".[30]

Sob esse prisma, é muito interessante acompanhar a transformação da persona artística de Caetano Veloso em direção ao olho do furacão de 1968. Interessado em pintura quando jovem, fascinado por cinema a partir da adolescência — chegando a escrever textos críticos sobre o assunto em jornais de Santo Amaro e Salvador (1960 a 63) e a dirigir, bem mais tarde, um longa-metragem (*O cinema falado*, 1986) — e aluno do curso de filosofia da Universidade Federal da Bahia na maioridade, Caetano desenvolveu talentos múltiplos no campo artístico e demorou a admitir a via musical como seu destino criativo e profissional. Nessa área, iniciou a carreira fazendo apresentações caseiras em bares de Salvador e compondo a trilha sonora para montagens locais de teatro (ainda em 1963), para depois — juntamente com Gal, Gil e Bethânia — em 1964, estrear o show *Nós, por exemplo...*, no Teatro Vila Velha, em Salvador, onde também fariam o show *Nova bossa velha, velha bossa nova*, com Tom Zé, no mesmo ano.

Depois disso, acompanhando a irmã Maria Bethânia, que havia sido convidada a substituir Nara Leão no show *Opinião*, dirigido por Augusto Boal, partiu para o Rio no início de 1965. Ali, teve a canção "De manhã" incluída no lado B do "compacto best-seller" de Bethânia, que trazia o sucesso "Carcará" (João do Vale), e gravou seu primeiro compacto, com "Samba em paz" e "Cavaleiro" — esta última, uma canção em tom romanesco que anuncia a chegada eminente de quem canta ("Quem vem lá sou eu") declarando planos grandiosos e enigmáticos: "Sou eu/ Vim chamar o meu povo/ Trago tudo de novo/ Vamos tudo acabar". E ainda, em seguida, no ano de 1966, teve algumas composições suas apresentadas e premiadas em festivais televisivos, como "Boa palavra" (quinto lugar no Festival Nacional da Música Popular, da TV Excelsior), e "Um dia" (melhor letra no II Festival de Música Popular Brasileira, da Record).

Mas foi apenas em 1967, após um período de refluxo, quando chegou a retornar a Salvador em crise com os caminhos profissionais a seguir, que Caetano surgiu de fato como figura pública. Antes por seu vasto conhecimento acumulado do cancioneiro popular brasileiro que por seu talento de artista criador. Isso se deve à destacada participação que teve no programa televisivo *Esta Noite se Improvisa*, da Rede Record, em que os participantes tinham que adivinhar canções a partir de palavras. Caetano, assim como já tinha acontecido com Chico Buarque pouco tempo antes, tornou-se um campeão em acertos, amealhando uma pequena fortuna para seus padrões de então e atraindo a simpatia do público e da mídia, compungidos com a ternura de sua imagem "serena" e seu "jeito de santo", cuja dignidade ficava dramatizada pela magreza física e por um certo "tom triste no rosto", segundo a imprensa de então.[31]

Até a apresentação de "Alegria, alegria", em setembro de 1967, quando Caetano e Gil resolveram deflagrar o movimento de intervenção que tinham em mente — e que só depois veio a se chamar tropicalismo —, essa imagem não muda em substância. Apesar da parafernália de guitarras elétricas dos Beat Boys, grupo de rock argentino que o acompanhava, e mesmo dos acordes dissonantes na introdução da canção, a figura de Caetano no palco ainda permanecia comportada e um tanto constrangida. Vestindo um terninho xadrez e uma blusa laranja com gola rulê, ele ensaiou ali uma libertação da própria timidez e um afrontamento do padrão estético-político consagrado nos festivais. Mas o resultado dessa atitude ainda tateante não foi exatamente o confronto com o éthos ideológico-comportamental do público universitário de classe média. Ao contrário, sua própria timidez carismática (ainda pouco espalhafatosa) colou-se à imagem do personagem da canção — um jovem desgarrado e "à toa na vida" —[32] que boa parte da plateia estava, na verdade, disposta a acolher. Resulta daí o irremediável sucesso de "Alegria, alegria", uma "canção de circunstância" transformada em hino de uma época, obliterando a "fenda irônica" que o autor imaginava injetar tanto na construção do personagem quanto no modo de apresentá-lo.

A partir daí sua entrada em cena na arena dos novos artistas da MPB é imediata. Consultando as matérias de jornal desse período, são inúmeros os exemplos de uma aceitação paternalista, por parte da crítica, do moço humilde e frágil chegado do Nordeste. Mesmo cronistas francamente antipáticos às suas canções espelham essa atitude geral, reputando o rápido sucesso de sua carreira ao irresistível apelo carismático do seu semblante "magro, despenteado e displicente".[33] Outros, mais receptivos ao seu trabalho, reclamam do deslumbramento de Caetano com o sucesso instantâneo, acusando uma perigosa comercialização de sua figura desprotegida — que lhe rendera o apelido de Marcha da Fome —, em prol de uma suposta "música universal".[34]

Apenas um ano se passou, da iniciática porém vacilante apresentação de "Alegria, alegria" à "ira santa" do happening de "É proibido proibir", em que Caetano subiu ao palco com um figurino protopunk concebido por Regina Boni, combinando uma roupa de plástico com colares feitos de fios elétricos, correntes grossas e dentes de animais grandes, como um adereço de macumba futurista. Nesse arco de tempo está compreendida quase toda a curta porém intensíssima história de vida do tropicalismo — que se estenderia ainda até dezembro, quando Caetano e Gil foram presos.

TERCEIRO SEXO, TERCEIRO MUNDO, TERCEIRO MILÊNIO

Visto de um ponto ao outro, o hiato é radical. Gil e Caetano inscreveram-se no Festival Internacional da Canção de 1968 para consumar a revolução tropicalista, num momento já bastante avançado do processo de decomposição da forma-canção "em instabilidades próprias da linguagem cotidiana", que vinham pondo em marcha.[35] Gil, dissolvendo a melodia em falas e gritos, com clara inspiração hendrixiana, e Caetano interrompendo o canto para declamar um poema de Fernando Pessoa ("D. Sebastião", *Mensagem*). E, se a canção de Gil foi desclassificada pela comissão julgadora, Caetano atraiu a antipatia da plateia universitária, que o vaiou, xingou e se postou de costas para o palco em sua apresentação na semifinal do Festival. Furioso e lúcido, o artista desancou o júri e a plateia, substituindo a declamação do poema por um longo e violento discurso de contra-ataque (ou contracontra-ataque) ao público, bradando frases como: "Vocês são iguais sabem a quem? Àqueles que foram na *Roda viva* e espancaram os atores!". Ou, ainda: "Se vocês forem em política como são em estética, estamos feitos!".[36]

Dada sua violência, que levou a termo os antagonismos em disputa, essa apresentação marca o clímax da estratégia de intervenção vanguardista do tropicalismo, e, ao mesmo tempo, o limite final do movimento — que seria ritualizado logo em seguida com um enterro simbólico no programa *Divino, Maravilhoso*, na TV Tupi. Nesse estopim catártico, para além das implicações políticas que atravessavam as querelas musicais em questão, encenava-se uma revolução moral, existencial, comportamental, que acusava, naquele momento, recalques tanto sexuais quanto religiosos e espirituais, reprimidos na sociedade.

Eram essas barreiras que estavam sendo dinamitadas no happening ritualístico e na dissolução da forma-canção ali operada. E foi somente a partir dessa ruptura que Caetano pôde recompor e multiplicar a linguagem expressiva e passional da canção durante e após a experiência do exílio, sobretudo a partir da gravação de "Asa branca", como vimos no capítulo anterior. De modo complementar, foi também somente a partir dali que ele pôde associar sua ambiguidade sexual — de "macaco complexo", "sexo equívoco", "mico-leão" ("Branquinha") — a um modo afirmativamente desreprimido de ver e ler o Brasil, o mundo e o tempo histórico, desdobrando-o por dentro das canções ao longo dos anos 1970 e 80, numa mirada que se desnuda e desarma teias de prisões morais, culturais, transcendentais, ao colocar-se inteiramente em cena: "Totalmente terceiro sexo/ Totalmente terceiro mundo/ Terceiro milênio/ Carne nua, nua, nua, nua, nua" ("Eu sou neguinha?").

Está aí a veia mais subversiva do tropicalismo: a exposição destabuizada do corpo, da presença carnal, aludindo a uma sexualidade múltipla e andrógina, que se expõe à devoração coletiva. Não à toa, há uma ligação fundamental entre a prisão de Gil e Caetano e o espancamento dos atores de *Roda viva*, do Teatro Oficina, como lhe revelou um sargento no cárcere da Vila Militar, insinuando que a presença de corpos nus e as afrontas religiosas eram ameaças intoleráveis e razões suficientes para descer a "porrada naquele bando de filhos da puta",[37] segundo suas palavras.

A inclusão do público na experiência cognitiva do trabalho de arte é uma conquista desse mesmo movimento. No Brasil, o deslocamento do foco artístico do plano da obra para o do receptor foi conduzido principalmente por Lygia Clark e Hélio Oiticica, com suas obras sensoriais e ambientais, nas quais a tensão está posta tanto no compartilhamento de "autoria" com o espectador-atuante quanto na demonstração de que a existência da obra de arte se dá unicamente na experiência presente, no momento em que ela é penetrada, manipulada ou vestida pelo público.

No entanto, é interessante perceber como essa intimidade da relação participativa, que no resguardo do museu ou da galeria ainda conserva muito daquele contato pessoal e quase místico da relação contemplativa, no campo da música popular é necessariamente transtornada. Expostos à voracidade dos auditórios e da massificação televisiva, os músicos são artistas da mídia e do grande mercado, e suas "obras de arte" estão inevitavelmente inseridas no campo da reprodutibilidade técnica e comercial. Nesse aspecto, é muito interessante a descrição apavorada que Hélio Oiticica faz da "curra" sofrida por Caetano na saída de um programa do Chacrinha, em carta enviada a Lygia Clark. Ali, a perda de controle do artista perante a "fúria da relação participativa" não é sentida como criadora, mas destrutiva — uma antropofagia às avessas, o outro lado daquela inédita desrepressão comportamental que se desencadeava. Mas Caetano, observa Hélio, "reagia passivamente, relax". Ao que o artista ainda acrescenta: "a coisa me apavorou tal a fúria coletiva em oposição às nobres e delicadas intenções de Caetano: um poeta, sensibilíssimo, de repente é jogado como numa arena de feras".[38]

"Cinema Olympia", uma das últimas canções da fase tropicalista, anuncia explicitamente essa vontade de abertura para a impessoalidade dos grandes auditórios, das massas, do mercado de pulgas, do rock' n' roll e do carnaval de rua:

Não quero mais essas tardes mornais, normais
Não quero mais videotape mormaço, março, abril
Eu quero pulgas mil na geral, eu quero a geral

Eu quero ouvir gargalhada geral
Quero um lugar para mim, pra você
Na matinée *do Cinema Olympia*

Apresentada em Salvador, no show que antecedia sua partida rumo ao exílio — cuja gravação amadora resultou no disco *Barra 69* —, essa canção de despedida da adolescência em ritmo de rock foi cantada como um grito desesperado de libertação. Libertação do peso da opressão momentânea, vivida como perda da inocência, corte ritual com o mundo afetivo do passado. Visivelmente comovido, Caetano multiplica na voz embargada a sensação de distanciamento emocional ao recusar aquele passado protegido mas morno, vivido ali mesmo na Bahia. Como que expulsando-o de si, espalha pulgas na "geral" da plateia, na forma de uma colagem vital de fragmentos daquelas matinês: "Tom Mix, Buck Jones/ Tela e palco/ Sorvetes e vedetes/ Socos e coladas/ Espartilhos, pernas e gatilhos/ Atilhos e gargalhada geral/ Do meio-dia até o anoitecer/ Na matinée do Cinema Olympia".

Transa qualquer coisa joia, bicho.
Muito cinema transcendental

A pulsão do desejo, 1969-83

REALIZADO NOS DIAS 20 E 21 DE JULHO DE 1969, o show de despedida de Caetano e Gil coincidiu com o exato momento em que, com o astronauta Neil Armstrong, o homem pisava pela primeira vez na Lua, dando um "passo" que entraria para a história como "um gigantesco salto para a humanidade" ("That's one small step for man, one giant leap for mankind", em suas palavras).[1]

Avesso aos misticismos em voga naquele momento, e mais atento ao que acontecia na rua do que na Lua,[2] Caetano afirma não ter dado muita importância a essa coincidência na ocasião. Contudo, nove anos depois, ele lançava "Terra" (1978), canção que, ao tomar como mote a emoção de uma experiência vivida ainda na cadeia — portanto alguns meses antes daquele show —, percorre um caminho simbólico que inclui o significado profundo do que se passou também ali: o nexo fundamental entre o "passo" individual e o "salto" coletivo, ou o exílio pessoal e o desgarramento humano.

Quando eu me encontrava preso
Na cela de uma cadeia
Foi que eu vi pela primeira vez

As tais fotografias
Em que apareces inteira
Porém lá não estavas nua
E sim coberta de nuvens
Terra, Terra
Por mais distante o errante navegante
Quem jamais te esqueceria?

Essa música, uma das mais famosas de Caetano, tem o poder de concentrar uma enorme quantidade de significados importantes contida em suas canções, o que permite considerá-la, sob certo ponto de vista, um dos centros gravitacionais de um período extenso de sua obra. O mote que a inspira refere-se a uma situação real: o fato de Caetano ter recebido, na prisão, uma revista que continha algumas das primeiras imagens mostrando o planeta inteiro visto do espaço. Assim, confinado no umbigo de uma cela minúscula, ele vê o planeta de um ponto de vista radicalmente distanciado. Nesse inédito descolamento espacial — que é também existencial —, a Terra aparece aos olhos do artista (preso) na imagem de uma mulher ambiguamente sexualizada e maternal: nudez interdita ("coberta de nuvens") e comunhão carinhosa com a carne. Esse enraizamento ("Terra para o pé, firmeza/ Terra para a mão carícia") espelha um reencontro com o útero (na capa do disco *Muito*, Caetano aparece deitado no colo da mãe), aparecendo como contraponto carnal ao vazio desolado do cosmos: "De onde nem tempo nem espaço/ Que a força mande coragem/ Pra gente te dar carinho/ Durante toda a viagem/ Que realizas no nada/ Através do qual carregas/ O nome da tua carne".

Abrindo o disco *Muito (Dentro da estrela azulada)*, primeiro trabalho de Caetano com A Outra Banda da Terra (constituída pelos músicos Arnaldo Brandão, Bira da Silva, Bolão, Marcos

Amma, Tomás Improta e Vinícius Cantuária), "Terra" tem um clima ao mesmo tempo oriental e nordestino, o que dá um acento muito particular à travessia existencial cantada em sua letra. Tal combinação deve-se sobretudo ao fato de ela assentar-se em uma escala modal, e não tonal. Assim, seu acento oriental inconfundível, que já aparece na estranheza da primeira nota (*lá*, que é o segundo grau da fundamental, *sol*), destaca-se ainda mais no uso do quarto grau aumentado, posto em uma nota chave da melodia, que coincide com a cabeça do acorde ("Quando eu *me en*contrava preso"). De modo complementar, o desenho melódico da canção descreve um movimento de notas ascendente e um tanto espiralado, que sob a "cama" harmônica estática e uniforme (um único acorde triádico de sol maior repetido insistentemente) dá a sensação de uma subida sem deslocamento, como uma levitação.

Simultaneamente, tanto os versos compostos predominantemente de sete sílabas quanto a inclusão da sétima menor na melodia ("em que *apare*ces in*te*ira") fazem com que a sonoridade e a dicção da canção se aproximem do universo poético-musical nordestino: o canto falado, a poesia oral popular do repentista, do "circuladô de fulô", os versos de João Cabral de Melo Neto e a melancolia retesada da estrutura melódico-harmônica modal, a partir da qual Caetano já havia feito algumas canções, sobretudo no disco *Joia* (1975). Assim, esse desgarramento — que é um novo enraizamento — se dá como reencontro de uma Bahia mítica fundadora, a "velha São Salvador", porto seguro do "errante navegante" estrangeiro que avistou a terra do mar. Uma Bahia que é ao mesmo tempo mãe, a "estação primeira do Brasil", e estrangeira — africana e oriental —, por ter permanecido isolada durante séculos do eixo econômico e cultural mais vital da Colônia, e depois do Império e da República.[3]

Esse tema, explicitamente recorrente na obra cancional de Caetano ("Bahia, minha preta", "A verdadeira baiana", "Onde o Rio é mais baiano", "Reconvexo", "Rock 'n' Raul"), surge, digamos, como um pano de fundo em "Terra", cruzando-se ao orientalismo esotérico presente tanto nos Beatles ("Within You Without You") quanto em canções brasileiras dos anos 1970, como "Oriente", de Gil, "Blues" ("O pé da Índia, a mão da África/ O pé no céu, a mão no mar"), de Péricles Cavalcanti, ou na "pena de pavão de Krishna", em aliteração e meia rima "riquíssima" com a expressão baiana "vixe Maria", em "Trilhos urbanos", do próprio Caetano. Esse cruzamento é semelhante à operação musical feita na última estrofe de "Terra", em que os versos litorâneos de Caymmi são incorporados à melodia mais sertaneja da canção, sob a vibração estridente e microtonal de uma cítara indiana.[4]

Portanto, na trilha que nos leva do show de 1969 à canção de 1978 e além, pode-se dizer que uma fronteira vivencial imensurável foi definitivamente cruzada. A bordo talvez de uma "interestelar canoa", de um "tapete mágico", de um trole ou um bonde puxado a burro, de um trem prata vindo de "trás da manhã", ou seguindo a itinerância cósmica de uma "tribo blue nomadismo", "circo transcendental" que se arma e desarma no lugar-nenhum das utopias. Nesse arco de tempo, que compreende quase toda a década de 1970, está concentrada boa parte da produção musical mais intensa de Caetano (treze discos lançados),[5] que, como vimos, vai reincorporar, após a prisão e o exílio, o lirismo antes renegado pela "máscara antibossa-novista" do tropicalismo: "Às vésperas de acontecimentos violentos, nossa poesia queria aniquilar o lirismo para dar lugar a uma saúde feroz. Mas isso é muito mais profundo, essa história da alma lírica", reconheceu Caetano, numa carta escrita em Londres.[6]

Eu sou brasileiro, os meus olhos costumam se encher de água, eu sou humilde e miserável, estou na janela e na rua. Na janela. Como na Alfama, em Santo Amaro, Évora, Cachoeira. Eu sou amável e terno, medroso. Eu sou lírico como Vinícius de Moraes, como Erasmo Carlos. Eu sou manhoso e dengoso. Não há salvação para mim.[7]

OUTRA ALEGRIA DIFERENTE DAS ESTRELAS

Se para Gilberto Gil a experiência do cárcere resultou em uma profunda transformação física e espiritual em direção ao esoterismo (conversão à macrobiótica, interesse tanto pela cibernética quanto pelas religiões orientais e ciências ocultas),[8] no caso de Caetano, a ameaça de perder-se em um buraco negro da existência converteu-se, ao longo da "maré da utopia" dos anos 1970, tanto em uma espiritualidade leve e cambiante ("Logo eu que cri que não crer era o vero crer/ Hoje oro sobre patins") quanto em um apego ao valor íntimo e transcendente daquilo que por um momento se compactua entre o eu e o universo, os seres vivos e os inanimados. Um sentimento cósmico de empatia e comunhão que vai da micro à macroescala, passando pelo "Deus dos fetos, das plantas pequenas", e chegando à força estranha da "voz de alguém" na imensidão. Tudo parece filtrado numa espécie de *claro instante* em que a história humana e a história natural se cruzam, "num ponto equidistante entre o Atlântico e o Pacífico", em outros níveis de vínculo.

Suas canções desse período estão profundamente marcadas pelas reflexões sobre "o ser e o tempo" e sobre "o ser e o nada". Quer dizer, sobre questões importantes postas pelo existencialismo sartreano, como a responsabilidade da ação individual em meio à coletividade e a condenação à liberdade.[9] Ao mesmo tempo, encarnam a força radiosa do que é belo e vital como afirmação de uma vontade potente e soberana, de fundo nietzscheano, ligando a experiência do ser ao pacto sagrado (e antirreligioso) com o poder imenso do que está fora de si, "longe, muito longe", mas que, por isso mesmo, está guardado vivo "bem dentro aqui", dando concretude à existência individual: "Marcha o homem sobre o chão/ Leva no coração uma ferida acesa/ Dono do sim e do não/ Diante da visão da infinita beleza" ("Luz do Sol"). Ou ainda: "Há muitos planetas habitados/ E o vazio da imensidão do céu/ Bem e mal, e boca e mel/ E essa voz que Deus me deu/ Mas nada é igual a ela e eu" ("Ela e eu").

São inúmeras as canções em que o artista faz referências diretas a si próprio, a sua família e a pessoas do seu círculo íntimo de afetos, como Marina, Bethânia, Dolores, Renata, Leilinha, Suzana, Dedé ("Gente") e muitas outras. Manifestações de uma gente viva e brilhante que afirma a beleza do existir e que reforça, na poética de Caetano, o tema erótico do narcisismo diretamente abordado em "Sampa" e tematizado nas fotos do disco *Araçá azul*, em que ele aparece diante de um espelho com o umbigo em destaque. Portanto, tudo o que há de "infinitivamente pessoal" em Caetano, alimenta-se da incorporação generosa e criativa do outro, em movimento de mão dupla: do eu para o mundo, fazendo com que o "brilho definido" do espírito "espalhe benefícios", e do outro para si, diante da "presença" que "desintegra e atualiza" a sua. Ambos os movimentos, mais uma vez, são exemplarmente sintetizados na rotação de "Terra": "Eu sou um leão de fogo/ Sem ti me consumiria/ A mim mesmo eternamente/ E de nada valeria/ Acontecer de eu ser gente/ E gente é outra alegria/ Diferente das estrelas".

Essa questão crucial, que se desenvolve nos anos 1970, parece ter origem em uma canção feita ainda no exílio ("If You Hold a Stone", 1971), em homenagem ao trabalho *Ar e pedra*, da artista plástica Lygia Clark. Esse trabalho, que faz parte de uma série chamada "Nostalgia do corpo", consiste em segurar um saco plástico inflado de ar, sobre o qual é colocado um seixo que o pressiona e desestabiliza, dando à obra o aspecto de um organismo vivo. Aprofundando a diluição da fronteira entre arte e vida, a obra consuma-se apenas nos momentos únicos e intransferíveis em que cada pessoa a está vivenciando sensorialmente: *"If you hold a stone, hold it in your hand/ If you feel the weight, you'll never be late to understand"* ("Se você pegar uma pedra, pegar uma pedra na mão/ Se você sentir o peso, jamais vai demorar para entender"), diz a letra da canção, sobreposta à melodia-mantra de "Marinheiro só". Ali, todo o "peso" da decisão individual de carregar a pedra na mão dialoga com a anulação simultânea da identidade decorrente da troca perceptiva, do apoio instável que, na experiência da obra, dá a sensação de uma "cópula da qual se participa".[10] O entendimento iminente (*"you'll never be late to understand"*) é o que, na canção, identifica o salto perceptivo que na obra de Clark se dá pelo encontro entre o humano, o mineral e o plástico numa relação orgânica e recíproca, fundidos como numa "pedra vida flor" ("Cá já"), com a mesma capacidade alquímica que a folha tem de tragar a luz do sol e traduzi-la "em folha, em graça, em vida, em força, em luz" ("Luz do Sol").

Essa multiplicidade do "um" aparece em inúmeras canções suas, mas ocorre de modo muito próximo ao que estamos descrevendo em pelo menos mais duas: "Gravidade" e "Gente". Na primeira, à frase inicial ("Asa asa asa asa"), que descreve um caminho melódico ascendente, vêm se contrapor as frases seguintes ("Não ter asa/ Pedras no fundo do azul"), cantadas em uma cadência de movimentos melódicos descendentes, reforçada por acordes que acentuam a descida em degraus mudando a cada meio compasso. Ali, a imagem plácida de pedras imóveis sob uma camada de água transparente dispara, na equivalência fenomenal entre o micro e o macro, uma reflexão poética sobre o atavismo humano, sua condição de "bicho mergulhado",[11] incapaz de voar: "Asa asa asa asa/ O vento entra pela casa/ Pedra de sono na cama/ Sonho no fundo do leito/ Brasa debaixo da cinza/ Anjo no peito da terra/ Asa no fundo do sonho".

A pedra, o seixo, em sua inteireza abarcável, é, a seu modo, o "um" pelo qual pergunta a canção "Gente": "Gente olha pro céu/ Gente quer saber o um/ Gente é o lugar de se perguntar o um/ Das estrelas se perguntarem se tantas são/ Cada estrela se espanta à própria explosão". Aqui, a unidade irredutível "gente" — "Maurício, Lucila, Gildásio, Ivonete, Agrippino, Gracinha, Zezé" etc. — se mede na multiplicidade das estrelas, que "tantas são". Oposição que não significa mútua exclusão, mas, ao contrário, a possibilidade de que um se pergunte e encontre no outro ("gente espelho de estrelas, reflexo do esplendor"), pois a experiência de descolamento da Terra, de ver-se de fora estando dentro, acompanhou uma introversão das artes plásticas, nos trabalhos de Hélio Oiticica, Lygia Clark e Lygia Pape, ao interior protegido e intimista de "ninhos", "casulos" e "ovos",[12] por exemplo. Algo equivalente à imagem construída por Gilberto Gil em "Aqui e Agora": "Aqui, onde a cor é clara/ Agora que é tudo escuro/ Viver em Guadalajara/ Dentro de um figo maduro".

A GENTE VAI LEVANDO ESSA CHAMA

O que os anos 1970 vêm a testemunhar, na obra dos principais artistas da MPB, é o inverso do temor registrado por Caetano, em Londres, de que aquela viesse a ser a "década do silêncio". Tanto em suas canções desse período quanto nas de Gil, Chico Buarque, Tom Jobim, Roberto Carlos, Milton Nascimento, Jorge Ben Jor, Djavan, Rita Lee, entre outros, o que se vê é a afirmação do poder resistente e indomável do canto e da canção, uma força misteriosa que não se esgota, pois se descobre permanentemente viva naquilo tudo que "não pode mais se calar" ("Muito romântico"). Algo que se concentra, por si só, na simples emissão sonora da voz de Milton Nascimento: "Solto a voz nas estradas/ Já não quero parar" ("Travessia", parceria com Fernando Brant, 1967), voz que se anuncia ao surgir, parecendo trazer contida em si a transição do éthos épico-dramático da canção de protesto para o páthos da pura celebração do canto.

Também na obra de Caetano, desde 1967, como percebeu Cláudia Fares, a imagem do poder mágico da música — como uma reatualização do mito de Orfeu —, aparece com força capaz de fazer nascer o dia: "Qualquer canção, quase nada/ Vai fazer o sol levantar/ Vai fazer o dia nascer" ("Avarandado"); "E eu corri pra o violão num lamento/ E a manhã nasceu azul/ Como é bom poder tocar um instrumento" ("Tigresa").[13] É claro que essa distensão expressiva da canção não ocorre como espelhamento de um contexto de liberdade democrática, de respeito aos direitos civis e otimismo em relação aos rumos do país. Ao contrário, se dá no refluxo dos "anos de chumbo" do governo Médici (1969-74) e se desdobra ao longo da lenta e instável abertura promovida por Geisel (1974-9), como resistência afirmativa contra toda castração de liberdade: "Peixe no aquário nada" ("Os mais Doces Bárbaros"). Resistência que tensiona o endurecimento político com armas que já não são nem as da canção de protesto, buscando resgatar as tradições folclóricas nacionais, nem as que forçavam uma modernização ruidosa e internacionalizante.

Assim, a velha oposição entre alienação e engajamento, aplicada à produção artística, apesar de muitas vezes reeditada pela crítica naquele período, não era mais capaz de descrever o novo campo de forças que se desenhava. Noutras palavras, representava um esquema antigo, como diz a canção "Muito romântico": "Não tenho nada com isso, nem vem falar/ Eu não consigo entender sua lógica/ Minha palavra cantada pode espantar/ E a seus ouvidos parecer exótica/ Mas acontece que eu não posso me deixar/ Levar por um papo que já não deu". Feita para Roberto Carlos, essa canção é, segundo Caetano, uma canção de protesto: "um protesto nosso, dos românticos contra os realistas-racionalistas".[14]

Pode-se dizer que a figura do cantor e compositor popular no Brasil, nesse momento, atinge sua maturidade social. Isto é, passa a ocupar um lugar mais definido no conjunto da sociedade, numa situação de protagonismo criada e exponenciada pelos festivais e pela explosão da cultura de massas (rádio, televisão, indústria do disco), dando-lhes a condição ambígua de apresentarem-se tanto como artistas-intérpretes de anseios profundos da sociedade — quase intelectuais — quanto como superstars do glamour midiático, sujeitos-alvo do assédio da imprensa mais rasteira e vulgar. Posição que, nos anos 1980, Caetano registraria provocativamente em "Língua": "Se você tem uma ideia incrível/ É melhor fazer uma canção/ Está provado que só é possível filosofar em alemão".

Entre muitas polêmicas acerca desse tema, particularmente uma, envolvendo Caetano e o ensaísta e diplomata José Guilherme Merquior, apresenta a questão de modo claro. Em réplica a uma resposta de Caetano na imprensa, diz Merquior:

> Não são os ensaístas como eu que estão querendo invadir a área do espetáculo. São os Caetanos da vida que tentam há vários anos usurpar a área do pensamento. A meu ver, com as mais desastrosas consequências, já que se trata de pseudointelectuais de miolo mole, cujo principal defeito é serem deslumbrados diante dos mitos da contracultura, isto é, o elemento de sub-romantismo mais sovado e furado da ideologia contemporânea.[15]

Ao que o artista, por sua vez, reagiu afirmando adorar essa definição dele como um pseudointelectual de miolo mole, repetindo-a inúmeras vezes ao longo dos anos.

De qualquer maneira, fica claro que a partir desse momento Caetano era já um personagem definitivamente inserido na "correria da cidade". Embora, ao mesmo tempo, capaz de colocar-se provocativamente à margem da sua lógica produtiva, subvertendo-a. Tema que está presente em "Samba e amor", canção composta por Chico Buarque (1970) e transcriada por Caetano Veloso em *Qualquer coisa* (1975). Nela, o compositor popular apresenta-se como alguém cujo trabalho ("samba") tem como matéria o ócio, o prazer ("amor"), atributo que, paradoxalmente, lhe garante uma distinção social e, portanto, uma autonomia profissional afirmativa: "Eu faço samba e amor a noite inteira/ Não tenho a quem prestar satisfação". O cancionista é um "desespecialista" máximo em tempos de segmentação profissional, alguém que trabalha a partir de uma multiplicidade de estímulos, ao mesmo tempo certeiros e desencontrados: "A gente não sabe o lugar certo de colocar o desejo" ("Pecado original").[16]

"Samba e amor" é a matriz de outra canção, chamada "Festa imodesta", que Caetano compôs para Chico gravar, no período em que todas as composições de sua autoria eram censuradas (*Sinal fechado*, 1974). Essa canção, ela própria feita de referências à malandragem que atravessa sambas antigos, é uma exaltação "imodesta" da figura ímpar daquele que "se presta" à "ocupação" de construir "coisas pra se cantar". "Salve o compositor popular!", diz o refrão, ecoando o bordão de "Alegria": "Salve o prazer!/ Salve o prazer!" (Assis Valente e Durval Maia). Isto é, a canção popular é uma "fresta" por onde passam a ginga, a síncopa, a batucada, a "embaixada" do samba, o desacato. Um bem social que, entre outras coisas, mostra-se humoradamente capaz de driblar a ação repressiva da censura, filtrando o lirismo e o prazer resistentes na cultura popular (como uma "chama" ou uma "guia", que passa de mão em mão) para lançá-los, amplificados, na arena da cultura de massas. Na parceria que fizeram ("Vai levando", 1975) e que completa essa trinca de canções, Caetano e Chico anunciam que, mesmo com todas as contingências — que estão entre as banalidades cotidianas e as restrições interditas —, "A gente vai levando essa chama". E avisam: "Não tem mais jeito, a gente não tem cura".

O FOGO DAS COISAS QUE SÃO

Por mais que o compositor popular retratado nessas canções pudesse ainda manter resguardado seu ato criador ("Não sei se preguiçoso ou se covarde/ Debaixo do meu cobertor de lã/ Eu faço samba e amor até mais tarde/ E tenho muito sono de manhã"), ele já se definia como um profissional da indústria do entretenimento, um artista exposto à roda-viva da devoração pública. Por outro lado, o declínio dos festivais nos anos 1970 acompanha uma situação em que os grandes acontecimentos musicais já não se dão na arena de eventos excepcionais e explosivos, onde a canção procurava explicitar formal e tematicamente sua função crítica. Bem sedimentada no solo da indústria de consumo, que amplificou muito seu alcance, a canção se distende e penetra no tecido social em registros novos, menos evidentes, porém mais pregnantes do que na era dos festivais. Há, nessa passagem, como diz José Miguel Wisnik, uma "superação mitopoética dos antagonismos" que marcaram o fim da década anterior, numa celebração "do princípio que habita tudo o que vive para sempre": "festa, dança, carnaval, alegria".[17]

Nesse sentido, a segunda metade dos anos 1960 pode ser vista como o momento de consumação de uma crise, que, por sua vez, engendra um novo nascimento, a partir do qual o lirismo bossa-novista pôde retornar transfigurado. Não mais como vago abandono ao fluxo da vida, mas como urgente presentificação de um princípio cíclico e vital em que "tudo ganha condição participante".[18] Reatualização mítica do instante cósmico em que as coisas *são*, porque estão presentes no presente: "É pau, é pedra, é o fim do caminho [...]/ São as águas de março fechando o verão/ É promessa de vida no teu coração" ("Águas de março", Tom Jobim, 1972).

Como observa Lorenzo Mammì, com "Águas de março" Tom Jobim finalmente "volta para casa". E o rito de passagem que permite essa volta, em sua análise, é realizado nas três parcerias que fez com Chico Buarque em 1968 ("Pois é", "Retrato em branco e preto" e "Sabiá"), nas quais a impossibilidade de retorno ao clima de redenção afetiva da bossa nova se explicita — vale dizer, pelo encontro entre o "afundar em uma ideia sempre mais introspectiva de natureza",[19] que já se esboçava nas novas canções de Jobim, e a dicção poética cortante e impaciente do parceiro, filho dileto (embora recalcitrante) dos novos tempos.

"Águas de março" é não apenas um "divisor de águas" na história da MPB, mas também uma referência na história da canção popular mundial. Contudo, mesmo o que nela soa como genuinamente universal — a concretude das imagens, que se rebate com naturalidade na acentuação rítmica bem marcada e na cadência circular — não deixa de representar uma resposta histórica a esse contexto particular: uma aposta na força do ciclo natural da vida como forma de regeneração daquilo que parecia truncado, sem saída. Daí a presentificação total que estrutura a canção, em que tudo é: "promessa de vida" e "mistério profundo".

Esse princípio de unificação das coisas reaparece como enigma em outra canção fundamental do período: "O que será (À flor da terra)", de Chico Buarque (1976), cifrado no rastro de vozes que sussurram à noite (nas alcovas, nos mercados, nos botecos) algo inominável, que, no entanto, atravessa igualmente o dia a dia e as profecias mais delirantes. Esse *o quê* destituído de tamanho, sentido, censura, decência, governo, juízo, vergonha, pelo qual pergunta a canção, não está em nenhum lugar determinável, e, no entanto, "está na natureza, será que será". Isto é: difuso em uma natureza não apenas ecológica, mas essencialmente humana: histórica, erótica, política. Assim, a pergunta sobre "o que será que será?", na verdade não inquire o futuro, o que vai acontecer um dia, e sim o que está se passando no presente. Ao pé da letra, seria possível traduzi-la simplesmente como *o que é*? Ou melhor: *o que será que é*?

Na obra de Caetano essa superação mitopoética dos antagonismos na forma de uma urgente presentificação aparece em inúmeras canções dos anos 1970 e 80. E define um núcleo central que se explicita mais diretamente em "Terra" (1978, já comentada), "Um índio" (1976, a ser analisada mais adiante) e "Força estranha" (1979), "Cá já" (1978) e "Luz do Sol" (1982). Há, nestas três canções, um estancar do tempo diante de visões significantes: "Eu vi o menino correndo/ Eu vi o tempo/ Brincando ao redor do caminho daquele menino [...]/ Eu vi a mulher preparando outra pessoa/ O tempo parou pra eu olhar para aquela barriga" ("Força Estranha"); "Esteja cá já/ Pedra vida flor/ Seja cá já/ Esteja cá já/ Tempo bicho dor/ Seja cá já/ Doce jaca já/ Jandaia aqui agora" ("Cá Já"); "Luz do sol/ Que a folha traga e traduz/ Em verde novo/ Em folha, em graça, em vida, em força, em luz" ("Luz do Sol").

Um estancar que implica penetrar no princípio contínuo que rege o *ser* das coisas, o seu *sendo* sempre presente e sempre em movimento: o instante mágico da fotossíntese — fugaz e permanente —, em que toda a vida é criada pela transformação de "luz" em "luz"; o chamamento à presença plena ("Seja cá já/ Esteja cá já") a partir de uma sonoridade que alude à imagem mais que concreta de duas frutas, o cajá e a jaca, cujo aroma é de tal maneira impregnante que é ele próprio uma materialidade; e o olhar parado de uma barriga "preparando outra pessoa" — eterno inacabamento da existência humana em flash instantâneo. Tudo, inclusive o tempo, pode parar para que aquela cena se dê, menos a gestação, que continua se *dando* ininterruptamente a despeito de tudo. "Momento movimento", num "sempre agora" ("Cá já").

Diferentemente de "Cá já" e "Luz do Sol", que se desenvolvem em um universo harmônico-melódico de matriz bossa-novista, "Força estranha" é uma balada romântica feita para (e à moda de) Roberto Carlos, tendo como tema o próprio poder do canto: "Por isso uma força me leva a cantar/ Por isso essa força estranha/ Por isso é que eu canto, não posso parar/ Por isso essa voz tamanha". Aqui, o enigma da arte — a voz de quem canta — aparece como manifestação sensível da pergunta fundamental sobre a razão de existir, assim como em "Cajuína" ("Existirmos: a que será que se destina?"). Mas enquanto nesta a "matéria vida" se destila na transparência da bebida cristalina, em "Força estranha" vai ser buscada "no fundo de cada vontade encoberta". Pois o homem-artista ("Aquele que conhece o jogo/ Do fogo das coisas que são") é alguém que por não pretender alcançar um além metafísico (como no "eterno retorno" de Nietzsche), vive intensamente a dor e o prazer de existir, e "nunca envelhece". Assim, o encontro, na estrada, com a pergunta drummondiana sobre o enigma da vida se desdobra na concretude plena das imagens ("É o sol, é a estrada, é o tempo, é o pé e é o chão"), deslocando a pergunta totalizante sobre o insondável para o plano do sensível: pedra vida flor, cajá, jaca, cajuína, folha, graça, vida, força, luz, sol, estrada, tempo, pé, chão, pau, pedra, fim, caminho.

NA AMÉRICA, NUM CLARO INSTANTE

O altíssimo grau de liberdade artística alcançado por Caetano, Gil, Gal e Bethânia nos anos 1970 encontrou uma expressão concentrada no show *Doces Bárbaros* (1976). Visto hoje, retrospectivamente, esse show parece ser um ímã para onde suas carreiras convergem, iluminando o período como um todo. Se as precárias gravações feitas ao vivo, que resultaram no LP, são insuficientes diante da força viva do que se produziu em cena, as imagens do filme-documentário *Doces Bárbaros*, feito por Jom Tob Azulay, restaurado em 2004, conseguem resgatar a impressionante combinação entre serenidade e violência pulsante, plasmadas ali em uníssono.

Tendo suas carreiras individuais consolidadas, "os quatro cavaleiros do após-calipso" ("Chuck Berry Fields Forever") reuniam-se novamente em um trabalho conjunto, em situação semelhante ao que fizeram doze anos antes, no início de suas carreiras, no show *Nós, por exemplo...*, no Teatro Vila Velha, em Salvador (1964). O nome do show, tomado da canção feita por Caetano para o grupo, representa uma resposta humorada aos ataques xenófobos que eles vinham sofrendo por parte da imprensa — sobretudo ligada a *O Pasquim* —, que deu ao grupo de "migrantes" baianos o apelido de "baihunos",[20] fundindo o nome de seu estado natal com o das hordas bárbaras que invadiram a Europa no século 5, ocasionando a queda do Império Romano.

Revertendo a acusação preconceituosa, eles cantam: "Com amor no coração/ Preparamos a invasão", ecoando o clima de descontração irreverente do grupo Novos Baianos, que numa canção da época dizia: "Saindo dos prédios para a praça/ Uma nova raça" ("Colégio de aplicação", 1970). "Queremos ser Doces Bárbaros assim como o doce de jenipapo é um doce bárbaro!", provoca Caetano, em texto de apresentação ao show. E finaliza: "Mas que horda é esta que vem do planeta terra bahia, todos os santos?".[21]

Na conferência do MAM de 1993, Caetano declara que a "descida aos infernos" empreendida pelos tropicalistas não pretendia esgotar-se no contato despudorado com a "geleia geral brasileira" — na exposição masoquista das suas entranhas —, mas efetuar-se ritualisticamente como "estratégia de iniciação ao grande otimismo".[22] Essa é a posição que embasa sua entrega ao "poder do algo mais e da alegria" ("País tropical", Jorge Ben Jor) contido na utopia planetária dos anos 1970, desfocando a discussão acerca do Brasil como "ruína" e "construção", que embasou o projeto construtivo-negativo do tropicalismo, e que voltaria a aparecer com força, na sua obra nos discos dos anos 1980 e 90, sobretudo a partir de *Velô*, em 1984.

Contudo, há uma canção de *Doces Bárbaros* que drena toda a energia solar das canções desse período na edificação de um herói redentor, selvagem e futuro, puro e miscigenado:

Um índio descerá de uma estrela colorida, brilhante
De uma estrela que virá numa velocidade estonteante
E pousará no coração do hemisfério sul
Na América, num claro instante
Depois de exterminada a última nação indígena
E o espírito dos pássaros das fontes de água límpida
Mais avançado que a mais avançada das mais avançadas das tecnologias

"Um índio" é uma canção que fala em tom de "profecia utópica", na expressão do autor, desenvolvendo, pela sua dicção, uma temática que Chico Buarque havia esboçado em "Rosa dos ventos" (1970), ao descrever um acontecimento epifânico (uma "enchente amazônica", uma "explosão atlântica") que romperia o "sono dos séculos" fazendo a multidão atônita assistir, "ainda que tarde", "o seu despertar".

Em "Um índio", esse herói "preservado em pleno corpo físico" é ao mesmo tempo um símbolo mítico nacional — o "bom selvagem" dos árcades e dos românticos — e uma figura concreta, como o cacique Juruna, que despontaria pouco tempo depois na cena política, ou os sobreviventes da mais recente chacina nas disputas territoriais entre indígenas e garimpeiros. Mas é, acima de tudo, uma síntese poderosa das misturas raciais transnacionais, como o resultado de laboratório da mais perfeita miscigenação humana: um preto norte-americano forte convertido ao islã ("Impávido que nem Muhammad Ali"); um índio habitante das florestas brasileiras e do imaginário europeu ("Apaixonadamente como Peri"); um mestre da arte marcial milenar chinesa, ostentando um nome em inglês ("Tranquilo e infalível como Bruce Lee"); e um bloco de carnaval afro-brasileiro que homenageia um líder pacifista indiano ("O axé do Afoxé Filhos de Gandhi").

Assim, o sentido enigmático dessa aparição redentora anunciada pela canção, "num ponto equidistante entre o Atlântico e o Pacífico", se esclarece no verso final, como uma revelação desconcertante: "E aquilo que nesse momento se revelará aos povos/ Surpreenderá a todos não por ser exótico/ Mas pelo fato de poder ter sempre estado oculto/ Quando terá sido o óbvio". Isto é, a epifania da canção desvela o óbvio oculto soterrado na realidade cotidiana da vida: tudo o que deve ser revelado já está aqui, dado, encontrável na situação presente, e por isso mesmo invisível. O rei (índio) está nu. Essa é a mensagem irradiada com força pelos Doces Bárbaros, marcante também na canção

"Fé cega, faca amolada" (Milton Nascimento e Ronaldo Bastos, 1975), apresentada no show, que reverte o ponto de vista que prometia messianicamente o futuro na canção de protesto: "Agora não pergunto mais aonde vai a estrada/ Agora não espero mais aquela madrugada/ Vai ser, vai ser, vai ter que ser, vai ser, faca amolada/ Um brilho cego de paixão e fé, faca amolada". Nesse "claro instante", a "poesia não se paralisa olhando o dia-que-virá: em vez disso, se põe inteiramente, e em movimento, no tempo em que está".[23] "Um índio" é uma canção profética, mas não messiânica. O ponto de encontro (e de fuga) de sua profecia não é uma quimera. É o tempo histórico real: o aqui e o agora.

SEMPRE TESO O ARCO DA PROMESSA

Toda a política mais afiada, presente no modo como Caetano lê o mundo e o tensiona, passa não por uma análise político-econômica das estruturas sociais, ou pelo alinhamento artístico a alguma "causa" derivada de injunções ideológico-partidárias, mas por uma estética das relações humanas, cujo motor é essencialmente corporal e erótico. Um eros espontâneo e natural — em tudo contrário a uma concepção exótica do sexo e da libido — que se mostra, também, como um éthos, isto é, uma instância de valor capaz de medir conceitos como desenvolvimento e subdesenvolvimento através dos critérios de elegância, originalidade, saúde criativa, competência, experimentalismo, dever de grandeza.

Suas canções dos anos 1970 e início dos 80, sobretudo no disco *Bicho* (1977) e nos trabalhos feitos em conjunto com A Outra Banda da Terra (1978-83) — período que considera a "fase de maior felicidade" de sua vida musical —,[24] são caracterizadas por uma malícia leve e expansiva, presente tanto nas letras quanto nas músicas, em que o prazer e o deleite predominam na instrumentação percussiva "jamaicubana" e no frequente deslocamento entre a estrutura melódica e a acentuação rítmica, como numa inusitada fusão entre bossa nova e reggae em roupagem pop. Esse embaralhamento entre tempos fortes e fracos na cadência balançada dos arranjos, surgido em "São João Xangô Menino", em *Doces Bárbaros*, reaparece em seguida, por exemplo, em canções como "Tempo de estio", em que o acento tônico da melodia entra meio tempo atrasado em relação ao pulso principal ("Quero comer/ Quero mamar/ Quero preguiça"), "A outra banda da Terra", em que o mesmo se dá inversamente, com a melodia antecipando-se ("Amar/ Dar tudo/ Não ter medo"), e, mais recentemente, em "Ciclâmen do Líbano", do álbum *Meu coco* (2021). Também em sua versão muito pessoal de "Eu sei que vou te amar", de Tom e Vinícius, a canção ganha um swing surpreendentemente novo pela ênfase do acento do violão na primeira colcheia, reforçando o compasso ternário.

Tematicamente, o "coração de eterno flerte" que rege essas canções extrapola o limite dos sexos, lançando seu olhar igualmente sobre as "meninas" do Rio de Janeiro ("Rio, eu quero suas meninas") e os meninos do Rio, de Salvador e de Porto Alegre, como o surfista Peti ("Menino do Rio"), o "moço lindo" que é "Salva vida" no mar da Bahia ("Que é fera na doçura, na força e na graça/ Ai ai/ Quem dera que eu também pertencera a essa raça") ou o "Menino Deus" gaúcho, cuja luz, uma vez acesa, construirá mais futuros do que jamais houve. Canções em que o pulso do desejo se move continuamente na presença atraente do outro ("quando eu te vejo eu desejo o teu desejo"), cuja beleza da existência "mantém sempre teso o arco da promessa" ("A tua presença morena").

Merecem destaque, aqui, algumas fulminantes formulações cancionais sobre a força feminina — tanto erótica quanto existencial —, estimuladas por mulheres que o impactaram e que, nas canções, são associadas a figuras animais poderosas. Uma é a camaleoa inspirada em Regina Casé ("Rapte-me camaleoa"), atriz por quem Caetano tem uma admiração confessa e que, dentre outras coisas, protagoniza uma maravilhosa cena de *O cinema falado*, em que imita Fidel Castro. Outra é a "Tigresa" da canção homônima. Deusa cujos pelos tremem ao vento ateu, símbolo da liberdade sexual, do empoderamento feminino e da contracultura, e que anuncia um tempo em que "tudo vai mudar", inventando para si um lugar no qual ela pode ser o que quiser, e onde, invertendo o machismo da nossa sociedade, a tigresa possa mais do que o leão (símbolo dos homens em geral e do próprio cantor em particular, que é do signo de Leão). Essa "tigresa de unhas negras e íris cor de mel", que pode ser tomada como emblema de muitas mulheres dos anos 1970, foi inspirada nas atrizes Zezé Motta e Sônia Braga. Esta última, que de fato atuou no musical *Hair*, como diz a canção, tem uma presença marcante na vida de Caetano e aparece também na canção "Trem das cores". Significativamente, em "Pecado original", composta para o filme *A dama do lotação* (1978), de Neville de Almeida, sobre a peça de Nelson Rodrigues, e protagonizado por Sônia Braga, toda a narrativa sobre as relações humanas baseadas na história da serpente e da maçã (a expulsão do Paraíso) termina com a pergunta sobre o mistério fundamental inscrito no desejo: "Mas a gente nunca sabe mesmo o que é que quer uma mulher".

Essa pulsão extrovertida, solar, em Caetano, ilumina a "banda" exposta de uma esfera que também possui, como vimos, outro lado: o da reflexão existencial, da formulação do mundo como totalidade inapreensível, da solidão, dos medos e das angústias — a "face oculta azul do araçá". Contudo, não representa simplesmente o complemento harmônico dessa face oculta, mas funciona, em grande medida, como um amuleto contra seus abismos insolúveis: o medo da morte individual ("Araçá azul fica sendo/ O nome mais belo do medo/ Com fé em Deus/ Eu não vou morrer tão cedo", em "Araçá blue") e da morte coletiva ("Todo fim de ano é fim de mundo, e todo fim de mundo é tudo que já está no ar", em "Flor do cerrado"), literalmente "desativando a trama" das profecias agourentas ("Ele me deu um beijo na boca") em prol da beleza, como exclama nos versos iniciais de "Outras palavras": "Nada dessa cica de palavra triste em mim na boca/ Travo trava mãe e papai alma *buena dicha loca* [...]/ Crista do desejo destino deslinda-se em beleza".

Assim, no amplo espectro de canções desse período, não é apenas o clima leve de paquera que vigora no horizonte de sedução do canto, mas um eros potente e multiforme que assume expressões infinitamente diversas, como signo de saúde e poder: "Você é forte/ Dentes e músculos/ Peitos e lábios" ("Você é linda"); de iluminação epifânica: "Menino Deus/ Quando a flor do teu sexo/ Abrir as pétalas para o universo/ Então por um lapso se encontrará nexo" ("Menino Deus"); de elegância, desprendimento e sensualidade: "Não me amarra dinheiro não/ Mas formosura/ Dinheiro não/ A pele escura/ Dinheiro não/ A carne dura" ("Beleza pura"); de nobreza cívica: "Preta sã, ela é filha de Iansã/ Ela é muito cidadã/ Ela tem trabalho e tem carnaval" ("Neide Candolina"); de vaidade e relaxamento: "Na maré da utopia banhar todo dia/ A beleza do corpo convém" ("Love love love"); e de alegria e espontaneidade: "O certo é ser gente linda e dançar, dançar, dançar" ("Two Naira Fifty Kobo") e "Gente é pra brilhar/ Não pra morrer de fome" ("Gente").

O ícone maior dessa fase é "Odara", uma verdadeira ode à entrega corporal plena ao poder envolvente da música: "Deixa eu cantar/ Pro meu corpo ficar Odara/ Minha cara/ Minha cuca ficar Odara/ Deixa eu dançar/ Que é pro mundo ficar

Odara/ Pra ficar tudo joia rara/ Qualquer coisa que se sonhara/ Canto e danço que dará". Fluida, mântrica, hipnótica, a canção exalta a liberdade expressiva do ser, em clima de *disco-music*, próximo ao soul e ao funk, com um balanço e groove de baixo bem marcados e dançantes. Há aqui uma aproximação tanto dos ritmos diretamente africanos — em especial a *ju-ju music*, que Caetano e Gil conheceram na excursão que fizeram à Nigéria em 1977 —[25] quanto da leitura pop da música africana que vinha dos Estados Unidos e da Jamaica, como lembra Fred Coelho, marcando um importante "momento de internacionalização da música popular brasileira".[26]

De origem ioruba — nomeando uma das qualidades do orixá Exu —, a palavra "odara" significa algo bonito, descolado, e, como tal, era usada como gíria em Salvador nos anos 1970. Ao mesmo tempo, no pajubá — dialeto performativo criado por gays e travestis — ganhou o sentido de pau duro.[27] Segundo Caetano Veloso, é uma palavra que ele aprendeu com Waly Salomão:

> Digo que aprendi com o Waly porque foi ele que passou essa palavra para mim com o valor semântico que ela tem na letra da canção. Claro que já tinha ouvido na voz de Clara Nunes num desses sambas sobre religião negra. Também nos ambientes de candomblé essa palavra é usada. Mas não sei exatamente em que sentido. Em Itapuã, odara quer dizer bom, bonito, bacana.[28]

Musicalmente, como já mostrou Guilherme Bertissolo,[29] a canção opera um jogo de dubiedade entre apoio e suspensão, que aparece tanto no deslocamento entre os acentos métricos e rítmicos quanto na divisão de três contra dois. Pois, se no início das frases, coincidindo com a palavra "Deixa", a acentuação métrica coincide com o tempo forte do compasso, dando a impressão de apoiar firmemente a ideia, já em "cantar", em "dançar", assim como em "Odara", há um deslocamento para o contratempo, deixando as frases suspensas e suingadas. O que apenas se resolve parcialmente no final da canção ("Canto e danço que dará"), quando o tempo forte cai na primeira sílaba ("<u>da</u>rá"), enviesando a compreensão da palavra (cuja tônica é a segunda sílaba, "da<u>rá</u>"), mas restituindo o encontro de tempos em "odara", palavra que está inscrita em "dará". Promessa de estabilização temporal que empurra a música para a frente, pedindo mais uma repetição, e outra, e outra, e mais outra.

No final dos anos 1970 e início dos 80, essa canção — e, por extensão, a palavra que lhe serve de título — passou a encarnar a acirrada polarização entre militância política e liberdade artística, que continuava imperando no meio da crítica musical e cultural desde a época dos festivais. Odara, para a opinião vinda dos grupos intelectuais nacionalistas de esquerda e/ou de setores menos seduzidos pelo ritmo quente das discotecas, tornou-se o símbolo de uma antiteoria alienada, paradigma de um desbunde acintosamente inaceitável em tempos sombrios, forma de xingamento para quem era visto, depreciativamente, como bicho-grilo, maluco ou veado.

Estamos falando de um momento em que, no plano das cidades, a expressão corporal e o encontro interpessoal eram fortemente reprimidos por transformações urbanas de caráter rodoviarista, como o Minhocão em São Paulo (1971) ou o Elevado da Perimetral no Rio de Janeiro (1960), em consonância com as formas de repressão que a ditadura perpetrava. Significativamente, um dos mais importantes espaços de escape a essa lógica repressiva e esterilizante foram as chamadas "Dunas do barato", ou "Dunas da Gal", na praia de Ipanema, no Rio, entre 1971 e 75. Os repentinos morros de areia foram criados em razão da escavação da praia para a construção de um píer que levava uma emissão de esgoto para lançar seus dejetos longe da praia. Ali passaram a se reunir surfistas, artistas e intelectuais, que fumavam maconha, praticavam topless, tocavam violão e debatiam temas do momento, como forma de resistência ao controle dos corpos que se operava nas cidades. Gal Costa, que realizava nas proximidades dali o histórico show *Gal a todo vapor*, se tornou a líder do movimento conhecido como desbunde, emprestando seu nome às dunas.

Se as dunas eram frequentadas por figuras como os membros do grupo Novos Baianos, jovens artistas da cena marginal da cidade e surfistas como Petit, que Caetano homenageou na canção "Menino do Rio", nos palcos da capital fluminense artistas como os grupos Secos & Molhados e Dzi Croquettes, além de Caetano, radicalizavam suas experiências corporais transgressivas, afirmando outros modos de vida em suas existências dionisíacas, eróticas, andrógenas, marginais, desbundadas. "Presenças incômodas, desafiadoras da ordem estabelecida, e que revelavam uma outra face da política: a potência ritualística do happening, do teatro, do canto e da dança, no momento em que o discurso verbal era silenciado."[30]

Lançado também em 1977, mesmo ano de "Odara", *Refavela* marca uma virada importante na carreira de Gilberto Gil em direção à música afro e à consciência cultural e política da negritude no Brasil e no mundo. No entanto, partindo de uma visão superficial e idealizada do tropicalismo, os termos correntes da crítica faziam crer que tanto Caetano, com *Bicho*, quanto Gil, com *Refavela*, tinham abandonado a posição de vanguarda "para se dedicar à curtição da sua própria beleza".[31] Quando, na verdade, o que esses críticos estavam fazendo era reeditar a mesma polarização dos tempos dos festivais, adotando uma posição que o tropicalismo julgara já ter exorcizado. Mais uma vez, parecia estranho o fato de Caetano e Gil, em vez de fazerem oposição aberta ao regime militar, voltarem suas armas contra a crítica, acusando o renitente provincianismo da classe média intelectual brasileira, que, em nome de uma coerência ideológica, só fazia reforçar a repressão comportamental vigente.[32]

Não por acaso, esses dois discos estão entre os mais maltratados pela crítica em toda a carreira dos dois artistas, prolongando uma antipatia iniciada um ano antes em *Doces Bárbaros*, e que se estenderia em clima de guerra até o ano seguinte (no caso de Caetano), no show do disco *Muito*, em que o compositor fazia longos e inflamados discursos em resposta e/ou provocação a seus críticos detratores. O exemplo mais famoso disso — porque viralizou mais recentemente como meme na internet — é sua resposta irada no programa de televisão *Vox Populi*, em 1978,[33] ao jornalista Geraldo Mayrink, que tinha ridicularizado a suposta debilidade de suas letras dando como exemplo, no entanto, citações cifradas que Caetano fazia de canções de Luiz Gonzaga e de Ary Barroso.[34]

Contemporâneo ao surgimento dos primeiros grandes bailes funk no Rio, o Bicho Baile Show era um espetáculo dançante em que se transformava a plateia do Teatro Carlos Gomes em pista, retirando-se as cadeiras. Caetano subia ao palco vestindo um macacão de cetim cor-de-rosa — e às vezes, também, um bustiê, e com os lábios pintados de batom —, e dividia a apresentação com a Banda Black Rio, cujo som combinava o samba-jazz carioca a outros ritmos, como o soul e o funk.

Essa adesão ao mundo das discotecas, do "frenetic Dancin' Days", vinculando a expressão de um fenômeno de massas à vitalidade da cultura negra, remonta ao interesse de Caetano e Gil pelo carnaval de rua da Bahia — dos trios elétricos e dos blocos de Afoxé (como os Filhos de Gandhi), e depois de Axé — e pelo neo rock' n' roll inglês, cuja fonte inspiradora fundamental está tanto no blues norte-americano de Bessie

Smith quanto nos textos-manifesto do Black Panthers (tema tratado em "Chuck Berry Fields Forever", de Gil, gravado em *Doces Bárbaros*).³⁵ Assim, há um sentido de violência primitiva, de possessão mágica e comunhão tribal, que atravessa tanto a experiência do carnaval quanto um show dos Rolling Stones, fazendo desses acontecimentos os teatros dionisíacos da vida moderna. Tal aproximação está indicada na marcha-frevo "Deixa sangrar", que Caetano fez para o carnaval, como comentário a uma canção dos Rolling Stones ("Let It Bleed", ela própria uma piada sobre "Let It Be", dos Beatles).

Com efeito, *Bicho* e *Refavela* representam um momento nodal de aprofundamento da questão da negritude e das relações com a África e a Bahia nas obras dos dois compositores. Nesse sentido, como observa novamente Fred Coelho, se na década de 1960 "o sol dos trópicos nas canções de Gil e Caetano era latino (como em canções como 'Três caravelas', 'Soy loco por ti América' ou 'Cambalache'), nesse momento ele era preto e baiano".³⁶ Em complemento, podemos dizer que a generosidade ambiciosa e ecumênica de "Odara" tem o espírito de sua época, e guarda alguma semelhança — por mais que pareça estranho — com o "Imagine" (1971), de John Lennon. Mas, se ali o ex-Beatle convoca uma comunhão universal pela paz e pelo amor de forma eminentemente mental — convidando-nos a imaginar um mundo sem nações ou religiões —, aqui o cantor e compositor baiano tenta abrir espaço na cuca das pessoas, em meio ao pesadelo das várias formas de repressão (de direita e de esquerda), para que não apenas ele ou o Brasil, mas o mundo inteiro, se torne Odara. Um "Imagine" afro-brasileiro *soulfunk*, transutópico, que não está fundado no pedido a uma imaginação futura, mas na instauração do ser presente pelo corpo, pelo canto e pela dança.

Minha mãe é minha voz

Um artista internacional, 1984-2005

O "ESTILO" CANCIONAL DE CAETANO é não ter estilo definido e poder transitar por dicções diversas estabelecendo a sua especificidade na multiplicidade, como que a transformar o sincretismo experimental tropicalista em marca pessoal ao compor canções de grande difusão. Há, portanto, traços inconfundivelmente singulares no seu modo de articular música e letra, que vão desenhando, ao longo do tempo, possibilidades imprevistas de encontro entre a sofisticada depuração bossa-novista e a agilidade pregnante das baladas oriundas do rock (de Beatles a Roberto Carlos).

Mas não é só isso. Também é possível falar em uma predisposição à verve excessiva, inestancável (da prosódia barroca baiana), afiada pela incorporação criativa da imperfeição e do inacabamento (do rock, de Bob Dylan), e temperada, mais uma vez, pela economia minimalista da bossa nova.[1] No entanto, a impressionante força empática de sua obra vai muito além da capacidade de estabelecer essas pontes. Ela está, antes, na habilidade de construir unidades novas e poderosamente orgânicas a partir desses estímulos, com uma fluência poucas vezes vista na MPB. Há, em suas canções, uma inteligência somada a uma intuição, que podemos resumir em uma palavra: ambição. Uma ambição espontânea, guiada por uma vocação totalizante que "quis ser" canção, desviando-se de sua intenção inicial, de juventude, de se dedicar ao cinema, tanto como crítico quanto como criador.

Caetano sabe dosar como poucos os graus de informação e redundância nas mensagens que veicula. No plano das letras que compõe, como observou Luiz Tatit, a singularidade costuma tomar o viés da "iconização", procedimento que, em oposição à descrição narrativa, tende a construir imagens através de metáforas sensitivas.[2] Como exemplo, pode-se destacar canções como "O ciúme" ("Só vigia um ponto negro: o meu ciúme"), "O homem velho" ("A solidão agora é sólida, uma pedra ao sol") e "Jenipapo absoluto" ("Como será que isso era, este som/ Que hoje sim, gera sóis, dói em dós?"). No entanto, toda a dificuldade comunicativa que poderia reter o ouvinte na pouca transparência evidente dos ícones é tensionada e revertida pela determinação tensiva das suas melodias, que quase sempre veiculam conteúdos passionais diretos e intensamente emotivos.

Mas isso não quer dizer que a marca autoral da invenção, nas suas canções, apareça mais nas letras do que nas músicas. Nestas elas surgem, muitas vezes, em inesperados deslocamentos dentro de uma estrutura simples. É o que acontece, ritmicamente, em muitos casos já comentados, mas também na combinação entre a simplicidade melódica mais básica e uma divisão irregular dos compassos, como em "Cá já", em que os acentos regulares, na métrica de 5/4, não coincidem com a acentuação tônica das palavras, dando continuidade fluida e circular a uma melodia que poderia soar linear e esquemática, porque feita de sequências simples de graus conjuntos e acompanhada de acordes que sobem em paralelo.

Os deslocamentos são, também, muitas vezes melódicos, como na própria "Cá já" e em "Uns", em que toda a sequência natural de descida em movimentos repetidos, na escala de *dó maior*, é de repente tensionada por um salto abrupto para fora da estrutura: "Vejo que areia linda/ Brilhando cada <u>grão</u>", ou "Uns dizem sim/ Uns dizem fim/ E não <u>há</u> outros". Saltos que, ao despontarem como exceções repentinas, revelam, simultaneamente, a graça da simplicidade e da repetição.

Já em "Luz do Sol", esse efeito-surpresa surge, de modo menos evidente, na harmonia, no acorde de B7M que incide na palavra "folha" ("Em verde novo/ Em <u>fo</u>lha..."), e cuja nota fundamental (*si* natural) desloca em meio tom o campo harmônico da canção (*mi* bemol). Por isso mesmo, esse acorde surge com a amplidão de um raio de luz que se abre no interior da canção. Em seguida, no desenrolar da frase, que corresponde à extensão completa do processo de fotossíntese, a canção desliza novamente para seu campo harmônico original até repousar em "luz", consumando a transmutação vital: "Em <u>fo</u>lha, em graça, em vida, em força, em <u>luz</u>". Ao longo dessa passagem, dá-se um fenômeno singular chamado enarmonia, em que uma mesma nota troca de função harmônica ao longo de uma cadência — no caso, de *mi* bemol para *ré* sustenido, e novamente para *mi* bemol.

São muitos os casos em que Caetano faz, de modo semelhante, uma abertura luminosa brotar inesperadamente no interior de uma alteração harmônica, por exemplo, em "Coração vagabundo" ("... Que passou por meu sonho sem dizer adeus/ E fez dos olhos meus um cho<u>rar</u> mais sem fim"), em "A tua presença morena" ("A tua presença/ Mantém sempre <u>te</u>so o arco da promessa") e em "Odara" ("Deixa eu cantar/ Que é pro mundo fi<u>car</u> Odara"). Momentos poético-melódicos que parecem realizar concretamente no ar — no espaço ocupado pelo som — aquilo que é atribuído ao verso poético em "Livros", e cujo sentido sugestivo tomei para intitular esse livro aqui: o poder de "lançar mundos no mundo".

Esses elementos-surpresa recorrentes são muitas vezes o aspecto mais visível de uma permanente oscilação entre campos harmônicos aparentemente incompatíveis. É o que ocorre, também, em "Você é linda", na passagem do assovio introdutório (em tom maior) para o canto inicial (em menor), ou no deslizamento em semitons que ameaça fazer a canção derivar para outra região harmônica entre os versos "Kabuki máscara" e "Choque entre o azul". O jogo aqui se dá entre os campos de *lá* maior/ *fá* sustenido menor (explorando a nota, nesse contexto, "bossa-novista" de *sol* sustenido) e *ré* maior (em que o *sol* é natural), que surge surpreendentemente, deslizando meio tom acima de um acorde de *dó* sustenido menor (terceiro grau de *lá*/ dominante menor de *fá* sustenido). No fundo, trata-se, de fato, de um equacionamento intuitivo, original e "errático" entre as transições nuançadas e macias da bossa nova, cheias de notas alteradas e acordes de passagem, e os saltos duros e evidentes das baladas pop e do rock.

A relação de Caetano com a música-musa é significativamente distinta da que, por exemplo, Gilberto Gil e Chico Buarque estabelecem. Pois se Gil toma a música, "musa única", como esposa, mãe dos seus filhos, porto seguro que lhe faz navegar pelo mundo todo ("Ela"), e Chico usa o domínio sedutor da poesia ("Saiba que os poetas como os cegos podem ver na escuridão") para dobrá-la às suas vontades, como quem seduz uma mulher ("Choro bandido", com Edu Lobo), Caetano parece enredar-se na teia de suas tramas labirínticas: "Nessa melodia em que me perco/ Quem sabe, talvez um dia/ Ainda te encontre minha musa/ Confusa [...]/ Nesse descaminho, meu caminho/ Te percorre a ausência/ Corpo, alma, tudo, nada, musa/ Difusa" ("Errática").

"Bússola" e "desorientação", a música-voz, para Caetano, é uma "luz escondida" ("Minha voz, minha vida"), encontrada menos na cumplicidade cotidiana entre samba e amor do que no silêncio da memória, numa região recôndita da sensibilidade que o canto vem resgatar e revelar: "O silêncio é tê-la/ A voz dessa luz sem fim, sem fim" ("Que não se vê", a partir de "*Come tu mi vuoi*", de Nino Rota, feita para Fellini).[3] Assim, para ele, a música-musa não aparece figurada nem como esposa nem como amante, mas como mãe: "Tudo são trechos que escuto: vêm dela/ Pois minha mãe é minha voz" ("Jenipapo absoluto").

De forma complementar, a esposa também aparece figurada como mãe: "Quem vê assim pensa que você é muito minha filha/ Mas na verdade você é bem mais minha mãe" ("Minha mulher"). A sensibilidade musical é, também, associada à irmã mais velha: "Se algum dia eu conseguir cantar bonito/ Muito terá sido por causa de você, Nicinha/ A vida tem uma dívida com a música perdida/ No silêncio dos seus dedos/ E no canto dos meus medos/ No entanto você é a alegria da vida" ("Nicinha"). Assim, a mãe associada ao canto é o impulso original e longínquo que literalmente lhe dá a luz, mas o deixa órfão nos caminhos do mundo: "Meninos, ondas, becos, mãe/ E, só porque não estás/ És para mim e nada mais/ Na boca das manhãs/ Sou triste, quase um bicho triste/ E brilhas mesmo assim/ Eu canto, grito, corro, rio/ E nunca chego a ti" ("Mãe").

São muitas as canções em que Caetano constrói essa relação umbilical com a música como o sinal de algo que passa pela voz sem o filtro da consciência, e, portanto, longe do controle mais direto. Partindo da imagem da voz de uma luz como signo do silêncio, presente na letra de "Que não se vê", o psicanalista David Calderoni[4] percebe com sensibilidade o modo como em muitas canções de Caetano Veloso a vontade de voz intensa (querer gritar) é a resposta a uma angústia solipsista — o silêncio na sua forma terrível e absoluta —, que espelha o temor da inexistência do mundo. Em *Verdade tropical*, o artista relata seu desespero quando, com sete ou oito anos de idade, não conseguia reunir elementos para provar para si mesmo que o mundo e as coisas realmente existiam, restando apenas o *cogito* do seu pensamento desgarrado, sem carne e sem interlocutores. Sentimento infantil de aniquilamento que lhe retornou mais tarde, quando, já adulto, viveu experiências traumáticas com o uso de drogas, como a ayahuasca e o lança-perfume, que de imediato o fizeram sentir-se apartado das coisas, numa dimensão quase autista e sonolenta. Um "inferno onde o absurdo insuportável de uma alma sem corpo" se apresentava como evidência terrível, em suas palavras.[5] Por outro lado, a descoberta precoce do orgasmo, pela masturbação, aos dez ou onze anos, lhe restituiu, pela evidência corpórea, a certeza maravilhosa da existência de si e do mundo. O que traz à luz outra forma de silêncio: o silêncio sagrado de uma descoberta vital, individual, íntima. "Eu me segredei o nome de Deus", escreve, "e me perguntei maravilhado como era possível que em nosso próprio corpo — em meu próprio corpo — estivesse inscrita essa graça."[6]

Mais uma vez: "Tudo são trechos que escuto: vêm dela/ Pois minha mãe é minha voz". A voz, a música, para Caetano, não apenas vêm da mãe, que sempre gostou de cantar, e lhe transmitiu esse prazer.[7] Proustianamente — e edipianamente, é claro —, aqui a voz *é* a própria mãe, sua presença no filho, já que "Cantar é mais do que lembrar", é "ter o coração daquilo" que se evoca cantando. Isto é: cantar é acessar o próprio cerne das coisas, não como representação ou rememoração, mas como ser, como vida em ato. Porém, na canção justamente intitulada "Mãe", um claro limite se interpõe a essa relação umbilical na forma de palavras que se calam. Assim, o eu que canta, diante de tal interdito, corre, grita, ri, mas nunca chega à fonte do seu cantar: sua voz, sua mãe. Intervalo e interface de dois silêncios, observa Calderoni, "o canto é o culto da voz intensa que rompe a solidão do pensamento e secreta o absoluto segredado à carne". Pois, se "palavras maternas que se calam deixam-no esbarrar nos umbrais da culpa ('Palavras calas, nada fiz') e da impotência ('Eu canto, grito, corro, rio/ E nunca chego a ti')", o artista "recobra e recobre-se de determinação ao afirmar-se como palavra cantada: "Nenhuma força virá me fazer calar/ Faço no tempo soar minha sílaba" ("Força estranha").[8]

Em resumo, se, por um lado, a canção "Mãe" demarca o lugar da solidão radical ("Eu sou um homem tão sozinho" ou "Sou triste, quase um bicho triste"), a presença poética da voz-mãe[9] brilha no seu interior como uma luz: "Mas brilhas no que sou" ou "E brilhas dentro aqui". Ao mesmo tempo, como mostra Calderoni, o par silêncio-voz está, no imaginário de Caetano, fortemente ligado também à imagem da figura paterna, só que de outra forma. Pois se, por um lado, o pai é aquele que segue calado acompanhando o filho até o porto quando este vai embora de casa — enquanto a mãe e a irmã choram —, em "No dia que eu vim-me embora", por outro lado é justamente o pai, e apenas ele, quem poderia tirar, pela presença de sua voz firme, o filho da catatonia que o tomava após a saída da prisão, justo no momento significativo em que este agora retornava à casa paterna.

Reproduzo aqui a forte descrição que Caetano faz dessa passagem em *Verdade tropical*:

> Eu me sentia absolutamente estranho a mim mesmo. [...] Aqui eu tinha a mesma desesperada saudade de mim, do meu mundo, da vida, que experimentara na viagem de ayahuasca — só que não podia sequer me dizer tratar-se do efeito de uma droga e que iria passar. [...] Em suma, a liberdade chegara, mas eu já não estava ali: tinha esperado demais. Por um momento tive certeza de que tudo tinha acabado, que eu não voltaria nunca do inferno onde tinha caído. Foi então que ouvi as vozes e os passos na escada e

vi surgirem, em minha frente, meu pai e minha mãe. Ele me olhou como se entendesse exatamente o que eu estava sentindo — como ninguém mais poderia olhar — e me disse, usando um palavrão como nunca o fizera na vista de minha mãe, e numa voz firme que me trouxe de volta à casa, ao amor, aos problemas, à vida: "Não me diga que você deixou esses filhos da puta lhe deixarem nervoso!".[10]

ENIGMÁTICA MÁSCARA BOI

Não será exagerado dizer que Caetano é o compositor brasileiro que mais fez canções em homenagem explícita a cidades: Londres ("London, London"), Nova York ("Manhatã"), São Paulo ("Sampa"), Brasília ("Flor do Cerrado"), Rio de Janeiro ("Paisagem útil", "O nome da cidade", "Meu Rio", "Lapa"), Salvador ("Beleza pura"), Aracaju ("Aracaju") e Santo Amaro ("Trilhos urbanos", "Purificar o Subaé"), além das que sobrevoam muitas delas, como "Vaca profana" e "Tapete mágico", e outras, ainda, que tratam do problema filosófico da sua existência ritual, como "Aboio" e "Cantiga de boi".[11]

Natural de Santo Amaro da Purificação, no Recôncavo baiano, Caetano pertence a uma família de classe média modesta — seu pai era agente postal telegráfico —, e cresceu em uma casa que abrigava, além dos oito filhos do casal (seis naturais e duas filhas de criação), três tias, oito primas e um primo (todos mais velhos, com idades próximas à de seus pais). Como conta Mabel Velloso: "Todas (as primas), junto com dona Canô, seu Zeca e a tia Ju — minha Ju — paparicavam as crianças, que obedeciam a todos de quem recebiam cuidados e muito carinho".[12] Esse universo familiar feminino e amoroso, próprio da cultura do Recôncavo — e arquetípico do Nordeste brasileiro —, é fundamental na definição de sua personalidade. Sendo, também, o dado biográfico que impulsiona, por contraponto, a necessidade de desarraigar-se do núcleo urbanístico-afetivo original, possibilitando-lhe a compreensão precoce de que "a queda é uma conquista" ("Santa Clara padroeira da televisão"), tão importante na revolução empreendida pelo tropicalismo.

Na série televisiva *Mapas urbanos*, o compositor faz a seguinte declaração:

> Essas cidades brasileiras, de colonização portuguesa, ao contrário das cidades norte-americanas, por exemplo, são muito fechadas. E Santo Amaro é bem típica: você sente a demarcação nítida do perímetro urbano, sente que nasceu dentro daquilo, e tudo que está fora é muito longe psicologicamente. O que não é urbano está fora, é um outro mundo.[13]

Em contraste, Caetano viveu desde cedo o impacto do cosmopolitismo das grandes metrópoles como choque de desprovincianização e perda da inocência. Pois, num país de migrantes como o Brasil, "o chegar sempre a outra cidade adversa e desejada constitui-se num rito de passagem" que, para sua origem social, regional e etária, "multiplica-se numa verdadeira série de cidades-limiares", que uma vez transpostas deixam para trás outra cidade "amada" e "velha" e "vão produzindo uma visão nova do país e do mundo".[14] A partir daí será cada vez mais difícil associar aquele "vulto feliz de mulher", do seu cancioneiro inicial, a um "sonho feliz de cidade" — ambos, afastados e perdidos para esse "coração vagabundo" de poeta-músico que quer abraçar o mundo em si quando já está lançado à errância.

Por outro lado, Santo Amaro, àquela altura (anos 1950), era uma cidade que, apesar de pequena e interiorana, não estava apartada do que se passava no mundo. Ao contrário, era um local cujos cinemas exibiam uma infinidade de filmes hoje restritos a circuitos cult das grandes metrópoles (italianos, franceses, mexicanos e americanos),[15] e onde se podia ouvir, em um bar de esquina, o disco *Chega de saudade* (1959), de João Gilberto, que acabara de ser lançado. Santo Amaro tem, portanto, para a imaginação sentimental de Caetano, a grandeza da "aldeia" natal do poeta Alberto Caeiro (heterônimo de Fernando Pessoa), cuja autossuficiência mítica foi cantada precocemente em "Onde eu nasci passa um rio", e longamente reelaborada, como memória musical, em discos posteriores: *Fina estampa* (1994), *Fina estampa ao vivo* (1995) e, sobretudo, *Omaggio a Federico e Giulietta* (1999).

Nessa "volta ao mundo" através de canções em língua estrangeira, Caetano está, mais do que nunca, de volta ao universo íntimo da sua infância.[16] O que demonstra que todo o seu cosmopolitismo vanguardista se alimentou da dialética entre a necessidade de forçar uma saída intelectual da província e a de provar que o olhar sobre o mundo pode ser construído a partir do vínculo sentimental com ela: "Bonde da Trilhos Urbanos/ Vão passando os anos/ E eu não te perdi/ Meu trabalho é te traduzir". Isto é: a origem provinciana, para Caetano, não representa apenas uma imobilidade conservadora a ser rompida, mas também uma matriz renovadora, em que a concavidade do Recôncavo se transmuta na extroversão do "Reconvexo".

No seu caso, duas vivências fundantes marcaram essa experiência de desgarramento primordial: a temporada de um ano no Rio de Janeiro, entre os treze e catorze anos de idade, tematizada em "Meu Rio", e a mudança para Salvador — a grande metrópole de sua vida —, com dezessete anos, contada em "No dia que eu vim-me embora" (com Gil) e "Adeus, meu Santo Amaro". Na primeira, "sem pai nem mãe", ele viveu por um tempo na Zona Norte da então capital do país (no bairro de Guadalupe), aberto ao impacto das ameaças e promessas daquele carnaval urbano sem paragens ("Rapazes maus, moças nuas/ O teu carnaval/ É um vapor luzidio"). Já, então, decisivamente atravessado pela cidade maravilhosa (dos auditórios da Rádio Nacional, em um momento ainda pré-bossa nova), ele, no entanto, a contempla com um certo recuo ("do outro lado da baía"), tendo a visão virginal de um mundo que iria, mais adiante, ganhar outra dimensão: "Tudo no meu coração/ Esperava o bom do som: João/ Tom Jobim/ Traçou por fim/ Por sobre mim/ Teu monte-céu/ Teu próprio deus/ Cidade" ("Meu Rio").

Mas o impacto de transformação mais decisivo em sua trajetória biográfico-cancional está na mudança de Santo Amaro para Salvador, na despedida da família ("Minha avó já quase morta/ Minha mãe até a porta/ Minha irmã até a rua/ E até o porto meu pai") e no encontro com o vazio de seus propósitos ("E quando eu me vi sozinho/ Vi que não entendia nada/ Nem de pro que eu ia indo/ Nem dos sonhos que eu sonhava"), numa atitude de desprendimento neutro ("Afora isso ia indo, atravessando, seguindo/ Nem chorando, nem sorrindo/ Sozinho pra capital"). Desprendimento que só não é já o leve "nada no bolso ou nas mãos" de "Alegria, alegria" porque carrega o sinal sacrificial do mundo agrário, o canto do bode de uma era que termina: a "mala de couro" que "embora estando forrada/ Fedia, cheirava mal" ("No dia que eu vim-me embora").

Essas são as experiências seminais que preparam novos encontros, agora já no contexto do olhar de um artista que tensiona sua visão de mundo a partir desses embates formadores. Há, nesse caso, pelo menos três exemplos importantes: o reencontro com o Rio (terreiro em que Chacrinha dava as ordens, já no limiar do tropicalismo), o desencontro produtivo com São Paulo ("o avesso do avesso do avesso do avesso") e a identificação liberadora com Nova York, cidade que o desinibiu para o contato com os estrangeiros e sobre a qual veio a dizer o seguinte: "a monumentalidade aliada à sem-cerimônia produzem naturalidade em face do tempo e da minha capacidade de fazer marcas no tempo".[17]

"Paisagem útil" (1967), a primeira canção tropicalista, significativamente focaliza o espaço urbano (com "olhos abertos em vento") em contraposição paródica à autossuficiência introspectiva de "Inútil paisagem" (Tom Jobim e Aloysio de Oliveira), que recusa atribuir sentido às coisas do mundo. Inaugurando em si a disposição de lançar o lirismo ao universo desencantado da mercadoria, Caetano, nessa canção, incorpora poeticamente o símbolo maior do esforço humano de transformação "útil" da natureza: a praia artificial do Aterro do Flamengo, formada pelo desmonte de dois morros, com seus altos postes de concreto ("Frio palmeiral de cimento"), e a luz neon e fluorescente dos logotipos, como a "lua oval da Esso", que "comove e ilumina o beijo/ Dos pobres tristes felizes/ Corações amantes do nosso Brasil". Ali, a aurora "sempre nascendo", do urbanismo moderno de Affonso Eduardo Reidy, Roberto Burle Marx e Lota de Macedo Soares, expressa penetrantemente toda a abstração impessoal e autoafirmativa da vanguarda — aquilo mesmo que parecia faltar na "dura poesia concreta" das esquinas de São Paulo ("Sampa"), embora sobrasse nos seus diversos artistas.[18]

Assim, se por um lado sua trajetória não deixa de trazer as marcas mais profundas da experiência brasileira, em que as migrações (simbólicas e concretas) entre o pré-moderno, o moderno e o pós-moderno fazem parte da história de gerações, ela abre-se, por outro — a partir do batismo de experiências nessas grandes metrópoles —, ao sentimento radical de uma pólis cósmica plural, condensada tanto em "pontos de luz vibrando na noite preta" ("Tapete mágico") quanto nas "ramblas do planeta" ("Vaca profana"). Na verdade, depois de vistas de fora, como o planeta "Terra", as cidades passam a ser objeto de uma reflexão essencializada em algumas de suas canções. Quer dizer, é o próprio "ser" da cidade — como mito e construção histórica — que aparece tematizado, em contraposição à recorrente imagem do boi: signo sagrado daquilo que precisou ser sacrificado para que ela pudesse existir (nesse sentido, o simétrico inverso da "vaca profana").

"Aboio" e "Cantiga de boi" são canções irmãs. A primeira é quase uma oração, um pedido de que a grande cidade se pense, inverta por um instante seu movimento expansivo e devorador e, por uma súplica, se renda e olhe o que está à sua volta, a alteridade ("Enigmática máscara boi"), sendo capaz de transformar, antropofagicamente, o tabu em totem (o sacrifício em alegria). Na segunda — uma complexificação da primeira —, a cidade é lida na refração de tempos disparada pelo brilho do CD colado à testa de um boi — possivelmente um bumba meu boi —, que será sacrificado na festa. Aqui, aquela "enigmática máscara" não está mais fora, mas dentro da cidade, em suas vísceras, fazendo dela ("o que eternamente nasce") a representação de um "desafio ao destino".

No encarte do disco *Noites do Norte* (2000), o artista declara:

> Fui a um show de Margareth Menezes em Salvador durante o verão. Antes de cantar, o grupo Malê Debalê surgiu. Eles todos chegaram, nesta apresentação, com um CD amarrado às suas testas. O lado brilhante foi revelado, o que é iridescente, onde você vê o espectro de luz. Fiquei impressionado e saí de lá achando que era como uma forma de ornamentação folclórica.

Interessante associar essa observação à lembrança de que, em julho de 1996, Caetano foi "estraçalhado" durante a peça *Bacantes*, do Teatro Oficina, no Rio de Janeiro. No espetáculo, durante o ritual de dança do bumba meu boi um espectador era escolhido pelos atores para ser despido, assim como o boi, cenicamente morto e estraçalhado (cortado em muitas partes).

Tal conclusão sobre o "desafio ao destino" lido nas vísceras da cidade é fundamental, e não se restringe a essas duas canções densas. A cidade, na obra de Caetano, é a materialização da emancipação humana, do desejo de intercâmbio criativo, da miscigenação. Aí está a graça de se pronunciar o nome da ilha de Manhattan — centro do império mundial anglo-saxão do século 20 — como se fosse uma palavra tupi: "Manhatã" ("o nome doce da cunhã"). Por isso, nessa canção, a cidade de Nova York se mostra em corte sincrônico: a chegada dos imigrantes à ilha, que tinham que ser lavados aos pés da estátua da liberdade ("Deusa da lenda na proa levanta uma tocha na mão"), e uma cena contemporânea, na imagem de uma "menina bonita mordendo a polpa da maçã" — que sintetiza o pecado original da civilização em ato antropofágico, já que Nova York é conhecida como *big apple* (grande maçã).

Tal construção, não por acaso, é muito semelhante à de uma canção bem anterior, "Joia" (1975), que descreve dois momentos equivalentes na praia de Copacabana: o instante inaugural do contato entre indígenas e europeus, em que o selvagem oferece o fruto da terra (um caju) ao estrangeiro, "num gesto de nítida benevolência e disposição à troca",[19] e, aqui também, uma cena atual, em que uma "menina muito contente toca a coca-cola na boca". Nesse caso, o nome que designa o lugar, e que se tornou um símbolo do Brasil e do cosmopolitismo do Rio de Janeiro, é originário dos indígenas da Bolívia, passando pelo filtro do cristianismo — a Virgem de Copacabana, uma das santas mais importantes da América espanhola. E a coca-cola, tomada com amor pela menina, mostra-se como uma espécie de presente futuro da civilização, numa reconstrução poética da colonização que quer voluntariamente celebrar suas conquistas na imagem de uma América mestiça e potente: o braço levantado com o caju e a tocha na mão, a maçã que se morde e a coca-cola que se bebe, sempre num momento singular "de puro amor".

SOMOS UNS BOÇAIS

Como foi dito, em meados dos anos 1980 dá-se uma importante guinada na obra de Caetano em direção ao rock e a uma nova focalização temática do Brasil — tanto como afirmação de um potencial singular-construtivo contido na sua riqueza cultural, racial e linguística quanto como acusação da miséria de sua realidade social urbana. Há, portanto, um retensionamento da relação de suas canções com o país, na forma de uma recuperação daquela glosa-paródia da "geleia geral brasileira" que fora, de certa forma, sublimada durante os anos 1970.

Essa guinada, em que Caetano mais uma vez reinventa sua obra, coincide com pelo menos duas circunstâncias importantes, sendo uma particular e outra histórica. A primeira é a dissolução de A Outra Banda da Terra e o término de uma simbiose criativa que ficou irreversivelmente associada ao clima utópico da década que passava. Mudança que se desdobrou na formação da Banda Nova (composta de Toni Costa, Tavinho Fialho, Marcelo Costa, Ricardo Cristaldi, Marçal e Zé Luís) — com uma sonoridade mais roqueira — e coincidiu com a substituição do experimentalismo artesanal iniciado em *Transa* e em *Araçá azul* pela formatação mais "profissional" da sonoridade dos seus trabalhos, através da parceria com produtores-arranjadores.[20] A segunda circunstância é mais geral: a campanha por eleições diretas marcando a reabertura política do Brasil depois de duas décadas de ditadura militar.

"Podres poderes", a canção que abre o disco *Velô* (1984), é um exaltado pronunciamento contra as "trevas" seguidamente perpetradas pela sociedade brasileira na forma de "gestos naturais": morrer e matar de fome, avançar sinais vermelhos, recorrer a ridículos tiranos. Isto é, ao mesmo tempo que a política é feita de forma podre, a sociedade ("cada paisano e cada capataz") aprofunda essa podridão em seus gestos diários, fazendo jorrar sangue nos pantanais, nas cidades e nas caatingas — imagem poética que retorna hoje com força sinistra, com os incêndios criminosos nessas regiões. Assim, seu discurso retoma, em tom de desabafo impaciente, a pergunta já formulada anteriormente em "O que será?", de Chico Buarque: "Será, será que será que será que será/ Será que essa minha estúpida retórica/ Terá que soar, terá que se ouvir/ Por mais zil anos?". O que demonstra, como notou Luiz Tatit, que a volta a esse tema parece dever-se menos a um desejo voluntário do compositor do que a uma obrigação de circunstância, numa canção que "consegue a proeza de falar com extrema atualidade de sua própria obsolescência".[21]

Quer dizer: no limiar da abertura política do país, Caetano está situado no polo oposto do sentimentalismo ufanista de "Coração de estudante" (Milton Nascimento e Wagner Tiso), que marcou a eleição (indireta) de Tancredo Neves e a comoção nacional com sua morte inesperada antes da posse, em 1985. Mas está, também, distante da exaltação apoteótica — embora irônica — de "Vai passar" (Chico Buarque), igualmente emblemática daquele período, aproximando-se de jovens roqueiros como Cazuza, com seu grito irreverente: "Brasil, mostra a tua cara!". Pois enquanto Chico, ligado aos anseios de transformação social representados pela emergência histórica do Partido dos Trabalhadores, engajava-se positivamente no ideal de libertação ali representado,[22] Caetano temia que uma eleição de Lula em 1989 representasse "uma cubanização do Brasil", o que, dada a extensão territorial, o grau de industrialização e o tamanho da economia do país, poderia representar "uma hecatombe política mundial".[23] Assim, desconfiando da imaturidade política nacional, ele preferia enxergar o futuro democrático como um equacionamento de extremos: "Quando é que em vez de rico/ Ou polícia ou mendigo ou pivete/ Serei cidadão?/ E quem vai equacionar as pressões/ Do PT, da UDR/ E fazer dessa vergonha/ Uma nação?" ("Vamo comer").

Para Caetano, a violência da situação brasileira impõe ao artista a necessidade de desrespeitar os pruridos de sensatez que normalmente cercam as opiniões políticas, convicção que o levou a afirmar, por exemplo, que Antônio Carlos Magalhães era sexy, e a defender, muitas vezes, posições provocativas, como a hipótese de uma candidatura de Jânio Quadros à presidência da República em 1989: "Não quero que seja Paulo Francis que fique sugerindo que se deva perseguir os homossexuais! Tinha de ser Jânio Quadros! Jânio Quadros tinha de proibir o show de Ney Matogrosso. E aí a gente ia responder e ver com quem estava tratando. Não é num jornal liberal que quero ler isso. Quero que venha do monstro. Mas temos de eleger o monstro, para botá-lo para fora!".[24]

Essa oscilação entre posturas anárquicas e liberais marca a independência de suas posições políticas, cuja contundência está menos no seu teor específico do que na capacidade de desafiar a sobrevivência de práticas arbitrárias e retrógradas no seio da Nova República, como o obscurantismo moralista da censura imposta pelo presidente José Sarney ao filme *Je vous salue, Marie*, de Godard, e do apoio de Roberto Carlos a essa censura,[25] ou o individualismo dos motoristas que desrespeitam as leis de trânsito e "avançam os sinais vermelhos"[26] e o racismo generalizado no apartheid social brasileiro, demonstrando uma permanência velada da escravidão. Práticas que indicam um mesmo diagnóstico severo: "Ninguém é cidadão"

("Haiti"). Retirado o álibi da opressão política e ideológica promovida pela ditadura, era necessário mostrar, naquele momento de reabertura, que não tínhamos mais o direito de reproduzir visões colonizadas de nós mesmos.

Essa não adesão evidente ao clima otimista com a Nova República demonstra uma sensível coerência com a postura tropicalista de não demonizar a ditadura militar como sendo algo alheio à sociedade brasileira, e não ceder, portanto, à nostalgia do Brasil nacional-popular dos anos 1950, país idílico cuja pureza teria sido maculada pelo golpe de 64. Essa visão romântica, em que se tenta frequentemente encerrar a obra de Chico Buarque,[27] está de fato na antípoda da posição assumida por Caetano Veloso, atento ao fato de que o Brasil e toda a América Católica, ao longo da história, frequentemente "optaram" por substituir suas democracias por líderes carismáticos ou ridículos tiranos — o que a eleição de Jair Bolsonaro, em 2018, confirma e reforça. "Será que a gente consegue fazer um estado democrático razoável, ter uma política liberal respeitável?", pergunta Caetano em 1987. "Ou a gente tem que estar sempre sob o regime de força?",[28] completa. E volta a perguntar: "Que gente somos nós?". "Somos uns boçais", diria ele, em "Podres poderes", insistindo no nós (eu faço parte do problema), ao invés do eles (o problema está fora de mim).

A partir daí, a imagem aberrante que o tropicalismo construiu do país ("Aqui é o fim do mundo") retorna sem carnavalização, na imagem de uma sociedade sitiada: "A mais triste nação/ Na época mais podre/ Compõe-se de possíveis/ Grupos de linchadores" ("O cu do mundo"). Imagem que, em "Haiti", aparece na substituição dos pedidos líricos feitos em canções anteriores ("O Havaí seja aqui", "Cuba seja aqui") pela afirmação ambígua e seca: "O Haiti é aqui/ O Haiti não é aqui". Passagem em que se dá uma troca tanto do referencial político-geográfico entre ilhas quanto da univocidade da comparação ("é" e simultaneamente "não é"), e também do tempo verbal empregado (o subjuntivo pelo indicativo). E o canto falado, em ritmo de rap, acrescenta um tom violento e desencantado à afirmação do refrão, precedida de imagens de espancamento, racismo, corrupção, hipocrisia, e um apelo imperativo ao ouvinte: "Pense no Haiti/ Reze pelo Haiti".

Importante lembrar que se a violência é um traço estrutural da sociedade brasileira desde os tempos da escravidão e do genocídio indígena, renovado no processo de urbanização e favelização das nossas grandes cidades, naquele momento histórico surgiam, à vista de todos, massacres e chacinas que representavam uma renovada onda de violência no país, paradoxalmente contemporânea à volta de uma "normalidade" democrática. Refiro-me ao Massacre do Carandiru (1992), em São Paulo — citado em "Haiti" —, às chacinas de Vigário Geral e da Candelária (1993), no Rio de Janeiro, ao massacre dos sem-terra em Eldorado dos Carajás (1996), no Pará, e ao tenebroso assassinato do indígena Galdino Jesus dos Santos em Brasília (1997), queimado vivo por jovens playboys enquanto dormia em um ponto de ônibus. Significativamente, um desses assassinos, Gutemberg Nader de Almeida Júnior, foi contratado para cargo de confiança na Polícia Rodoviária Federal, em 2020, pelo governo Bolsonaro.

Se a canção "Não sonho mais", de Chico Buarque, lançada em 1980, prefigurava, em um sonho sinistro, linchamentos hediondos perpetrados por bandos de "nego humilhado", "morto vivo" e "flagelado de tudo que é lado", canções como "O cu do mundo" e "Haiti", em sintonia parecida, captavam e traduziam, uma década mais tarde, a consumação daquele estado de coisas brutal. Em 2022, o infame e covarde assassinato do congolês Moïse Mugenyi Kabagambe no quiosque Tropicália — terrível ironia do destino —, na Barra da Tijuca, nos lembra que o cu do mundo é cada vez mais aqui e agora. A mais triste nação, na época mais podre. Racista, xenófoba e miliciana.

VELHO E VASTO ESTRANHO REINO

Em janeiro de 1995, em seu discurso de posse como presidente da República, Fernando Henrique Cardoso citou Caetano Veloso como sendo um notável intérprete do país. Tendo declarado voto em FHC no ano anterior, o compositor era visto por muitos como um ideólogo do governo no mundo artístico. Governo que estabilizou a moeda, estancando a inflação, mas que se associou a setores historicamente conservadores da sociedade — o PFL, de Antônio Carlos Magalhães —, turbinando a liberalização da economia com um amplo programa de privatizações de empresas estatais. Naquele tempo o PT, que nunca havia governado o país, fazia oposição ferrenha. E Caetano, demarcando um claro contraste em relação ao Partido dos Trabalhadores, sempre sublinhou a valorização das liberdades individuais e o fato de que em países como Cuba os homossexuais eram segregados e perseguidos.

No disco e no show *Fina estampa*, em 1994, Caetano interpreta um vasto repertório do cancioneiro latino-americano, ampliando seu mercado e reconhecimento internacional. Acompanhado por uma portentosa orquestra, com arranjos feitos pelo maestro e violoncelista Jaques Morelenbaum, veste-se de forma elegante e solene, com terno escuro, gravata e cabelo engomado, em aproximação cênica ao universo de seu repertório. Nessa mesma época, Caetano aceita o convite da revista *Caras* para uma publicação em que mostra sua casa em Salvador, na companhia da mulher, Paula Lavigne.[29] Todos esses fatos somados, mais outros, contribuíram para uma crescente antipatia e/ou decepção em relação a ele,[30] não apenas por parte de uma intelectualidade marxista — com a qual ele já contrastava há muito tempo —, mas também de gente que sempre admirou sua figura transgressiva e desbundada, entendendo aí uma capitulação diante do establishment. Ficava o incômodo: como é que o cantor que subia ao palco vestindo bustiê e batom, e que compôs versos como "Não me amarra dinheiro não/ Mas formosura", aparecia agora propagandeando sua bicicleta ergométrica e seu relógio Bulgari? É evidente que Caetano pode fazer o que quiser, mas a atitude e a estética sempre foram o seu mais incisivo campo político.

Junto com o neoliberalismo da era FHC, a cultura passava a ser cada vez mais dominada por empresas patrocinadoras, aumentando o papel do marketing em suas engrenagens. Não à toa, as casas de show adotavam nomes como Citibank Hall, Credicard Hall etc. E, se Caetano e Gil sempre se notabilizaram por ter a coragem de entrar e sair de todas as estruturas — como explicou Caetano para a plateia universitária no FIC em 1968, em tom de ira —, aqui ficava a sensação de que aquela operação de tensionamento do *mainstream* já não funcionava tão bem. Afinal, gravar Vicente Celestino e Odair José não é o mesmo que defender a afinação de Sandy como modo estratégico de desafiar o chamado bom gosto.[31] Isto é, o efeito poderoso de tensionamento das estruturas à contracorrente dos consensos estabelecidos, que Caetano realizou sempre brilhantemente até os anos 1980, parecia tender a um certo apaziguamento crítico diante de um regime democrático neoliberal, no qual ele, aliás, era alçado ao posto de intérprete oficial. Nesse sentido, como observou Nuno Ramos, a impressionante capacidade de criar novidades pela exposição viva das contradições, na obra e nas atitudes de Caetano, sempre se fez como uma "hipérbole do sentido", fragmento de "um todo nunca formado", capaz de unificar simbolicamente "a cisão das grandes tensões nacionais". Mecanismo que, na opinião do autor, não deixava de ser criativamente dependente dessas tensões, que se abrandaram progressivamente com a volta à normalidade democrática.[32]

É curioso e significativo que esse clima difuso de desconfiança em relação à figura artística de Caetano Veloso tenha sucedido a um momento anterior — quando gravou *Circuladô*, completou cinquenta anos de idade e teve um programa especial na TV Manchete, dirigido por Walter Salles —, em que havia se tornado uma espécie de unanimidade nacional. E de fato parece que Caetano muitas vezes reage a essas situações em que querem consagrá-lo, por mais que ele goste de luzes e de palco. Por exemplo, na entrevista ao *Bondinho*, dada logo após sua volta do exílio, dizia não se sentir confortável na posição de líder, por ter uma enorme angústia em relação ao poder: "Quando tenho a oportunidade de falar eu me singularizo, me particularizo, me individualizo. [...] eu sou como que reacionário em relação a isso, entendeu? Eu reajo quase que burguesmente".[33] E de fato, pensando em suas atitudes e canções dos anos 1990 e início dos 2000, sente-se por vezes um incômodo com aquilo que chamou de o "meu velho e vasto estranho reino" ("Você é minha"), como que se perguntasse: que rei sou eu?

Ao mesmo tempo, é também nesse momento que ele atinge um novo patamar de sucesso de público e de crítica, ultrapassando a marca de 1 milhão de discos vendidos com *Prenda minha* (1998), dado o sucesso da canção "Sozinho", de Peninha, vencendo o Prêmio Grammy de melhor álbum de World Music com o disco *Livro*, em 2000 e apresentando-se na cerimônia do Oscar, em 2003, com a canção "Burn It Blue", de *Frida*, ao lado da cantora mexicana Lila Downs. Isto é: nesse período Caetano se afirma como um artista de enorme trânsito internacional, em diálogo produtivo com figuras como Pina Bausch — que o convidou para tocar na festividade de 25 anos da Companhia Tanztheater Wuppertal (1998) —, Pedro Almodóvar — que incluiu uma cena, em *Fale com ela* (2002), em que Caetano canta no set —, David Byrne — com quem realizou uma série de apresentações no Carnegie Hall (2004), entre outros. Não por acaso, em perfil recentemente publicado na revista *The New Yorker*, o artista é definido como "o músico mais celebrado do Brasil".[34]

Ainda, como parte desse mesmo movimento, em 1997 ele recebe um convite de Maddalena Fellini para se apresentar em Rimini, na Itália, em homenagem a Federico Fellini e Giulietta Masina (para quem havia escrito uma canção dez anos antes). No show, que saiu em forma de disco em 1999, ele articula Nino Rota, compositor da maior parte das trilhas sonoras dos filmes de Fellini, a um repertório de canções brasileiras, portuguesas e americanas (do sul e do norte), dos anos 1940 e 50, em atmosfera mágica e proustiana, que remonta à sua infância em Santo Amaro. Assim, *Fina estampa* (1994), *Omaggio a Federico e Giulietta* (1999) e *A Foreign Sound* (2004) — em que interpreta canções norte-americanas — confirmam a sua capacidade de apresentar-se não apenas como um compositor consagrado, mas também como um exímio cantor-leitor de um vasto repertório da música popular mundial a partir de uma dicção própria, tanto pela inteligência e pela articulação na escolha das canções quanto pelas performances vocais, como em "Cucurrucucú Paloma", cujo impacto de emoção levou Almodóvar a convidá-lo para interpretar pessoalmente a canção no filme.

Nos quinze anos que separam *Circuladô* (1991) de *Cê* (2006), quando acontece uma nova e importante guinada em sua carreira musical, Caetano produz muito, mas lança apenas dois discos de canções inteiramente inéditas e autorais: *Livro* (1997) e

Noites do Norte (2000).³⁵ Nesse período, devota grande energia para refletir ensaisticamente sobre o Brasil — a experiência da arte no Brasil a partir de João Gilberto e o lugar dessa cultura no mundo. O produto mais evidente e alentado desse processo é o livro *Verdade tropical*.³⁶ Significativamente, naqueles mesmos anos — em que morre Tom Jobim e com ele toda uma era —, Chico Buarque e Gilberto Gil vão deslocando suas energias para outras áreas da vida artística e pública: a escrita de romances e o exercício da política, respectivamente.

Numa conhecida entrevista a Fernando de Barros e Silva, publicada em 2004 na *Folha de S.Paulo*, Chico Buarque comenta a febre revisionista dos discos de coletâneas e dos relançamentos de sua obra, em formatos os mais variados, e compara esse fenômeno com o reduzido interesse geral pelos discos novos — seus e de outros compositores de sua geração. Prosseguindo o raciocínio, anota: "como a ópera, a música lírica, foi um fenômeno do século 19, talvez a canção, tal como a conhecemos, seja um fenômeno do século 20". A evidência disso estaria no poder atual do rap — uma manifestação popular forte e agressiva, vinda da periferia —, que representa, ainda segundo Chico, "uma negação da canção tal qual nós a conhecemos".³⁷ É evidente que o objetivo de Chico não era decretar a morte da canção. Na mesma entrevista, pondera seus argumentos afirmando que talvez estivesse dizendo isso como uma forma de autodefesa diante do fato de que era cada vez mais difícil para ele compor canções. Mas é inegável que o seu argumento é carregado de uma ideia-força importante: ao que tudo indica, segundo sua linha de pensamento, aquele gênero musical formatado por Noel Rosa nos anos 1930, e reinventado pela bossa nova nos 1950, parece ter se esgotado historicamente como veículo privilegiado de expressão e mediação de anseios mais amplos da sociedade.

De fato a entrada em cena do rap, a partir dos anos 1990, coincide com o declínio histórico da cultura popular brasileira de classe média como instância maior de identificação coletiva no país, e, de certa forma, o simboliza. Refiro-me a uma longa tradição de explicação do Brasil baseada nos valores da mistura, da graça e do desrecalque corporal. Algo que a nossa cultura produzia de forma potente e que deveria servir de baliza para a sociedade — daí o sentido da frase de Caetano, segundo a qual "O Brasil precisa chegar a merecer a bossa nova".[38] Com efeito, como argumenta Francisco Bosco, a aparição dos Racionais MCs representou o surgimento de uma importante

> *voz anticordial na cultura brasileira*, inspirada pelo racialismo dos negros estadunidenses, veiculada numa forma seca, franca e direta, capaz de internalizar e capturar o sentido da violência brasileira de uma maneira sem precedentes, e cuja força de verdade poética e histórica era tanta que deixou em crise toda a tradição da cultura popular brasileira, que até então se reconhecia em formas intimamente ligadas aos valores do encontro, da mistura, da conciliação de classes.[39]

Trata-se, certamente, de uma discussão interessantíssima e atual, diante da qual podemos pensar que, se aquela crise da canção apontada por Chico expõe uma questão histórica relevante e inescapável, o último disco de Caetano — *Meu coco* (2021) — sinaliza um retorno potente da mesma ideia de canção já na terceira década do século 21, paradoxalmente no momento mesmo em que o país que deu substrato e substância para a formação da cultura de onde aquela forma-canção emerge agoniza a olhos vistos. É que Caetano com certeza não subscreve o raciocínio de Chico Buarque quanto a essa questão. Para ele, o rap, o funk ou o eletrônico nunca foram um *outro* em relação ao universo amplo e polimorfo das canções populares feitas no Brasil. Porque, depois de Noel e de Jobim e João, justamente o tropicalismo foi que revolucionou mais uma vez a forma-canção no Brasil, deslocando a ênfase sintética da bossa nova, interna à sua forma musical, para uma operação conceitual baseada em colagens e choques, tal como referido anteriormente. É desse outro lugar que Caetano, sem deixar de reconhecer o rap como afirmação de uma voz da periferia da qual ele não faz parte, e que tem uma importância fundamental em si mesma, pode, ele também, compor raps como "Língua", "Haiti" (com Gil), "Big Bang Bang" (com José Miguel Wisnik), "O herói" e "A base de Guantánamo", ou funks como "Funk melódico", "Alexandrino" e "Miami maculelê".

A VOZ MEDITERRÂNICA E FLORESTAL

Desde sua conferência no evento Enciclopédia da Virada do Século/Milênio em 1993, no MAM do Rio de Janeiro, Caetano passa a se dedicar de forma mais engajada e sistemática à interpretação da singularidade da cultura brasileira e seu dever de grandeza no mundo. O que vem a desaguar no livro *Verdade tropical*, encomendado por um editor de Nova York, entusiasmado pelo texto sobre Carmen Miranda que Caetano havia escrito para o jornal *The New York Times* em 1991.

Narrado em primeira pessoa, o livro acompanha a aventura de um impulso criativo surgido no seio da música popular brasileira nos anos 1960. Mas não se resume a contar uma história autobiográfica e geracional. Sugestivo e exigente, propõe uma visada grandiosa sobre o destino do Brasil. Algo que não se mede pelo filtro da competência ou da força, mas sim pelo da originalidade, e que denota um traço claramente sebastianista do pensamento de Caetano — muito influenciado pelo professor português Agostinho da Silva[40] e partilhado, por exemplo, com Glauber Rocha.

A linhagem sebastianista remonta às próprias raízes da nacionalidade lusitana, permeada de providencialismo desde seu nascedouro precoce, no século 12. Seu leitmotiv passa pelas trovas populares de Bandarra, datadas do século 16, com seu messianismo enigmático que evoca o mito do Quinto Império, e se encarna, no século 17, no mito do alegado retorno de d. Sebastião, morto na batalha de Alcácer Quibir, quando se constitui propriamente em sebastianismo, núcleo imaginário ao qual o padre Antonio Vieira dá uma nova dimensão, profetizando sua realização iminente na pessoa do rei d. João IV. Profecia à qual Fernando Pessoa confere, no século 20, uma inflexão de expectação de um novo horizonte espiritual do mundo.

Nas canções de Caetano, podemos pensar que à matriz negativa de "Tropicália" — em que o monumento aberrante de Brasília é a metonímia do país — se contrapõe uma outra, positiva e utópica, surgida nos anos 1970, que declara: "Vejo uma trilha clara pro meu Brasil/ Apesar da dor" ("Nu com a minha música"). Mas não se trata ainda de uma aposta ou de uma profecia, e sim de uma "vertigem visionária que não carece de seguidor". Com efeito, já no início dos anos 1990, em "Bahia, minha preta", lindamente interpretada por Gal Costa, o Brasil — cuja metonímia agora é a Bahia — surge como o grande portador de alegria e originalidade que deverá se afirmar em escala planetária: "Teu novo mundo/ O mundo conhecerá/ E o que está escondido no fundo emergirá/ E a voz mediterrânica e florestal/ Lança muito além a civilização ora em tom boreal/ Rainha do Atlântico Austral".

Esse é o Brasil perseguido e vislumbrado em *Verdade tropical*. Um livro que parte da compreensão da América como um estágio radicalmente novo na história da cultura ocidental. Pois, escreve o autor, "traumaticamente 'lavada em sangue negro e sangue índio', toda ela é uma antítese agressiva da Europa".[41] No entanto, não podemos querer ser iguais aos americanos do Norte, aparentemente mais bem-sucedidos do que nós dos pontos de vista econômico, tecnológico e civilizacional. "Amo os Estados Unidos", escreve Caetano, e prossegue: "Apenas não exijo do Brasil menos do que levar mais longe muito do que se deu ali e, mais importante ainda, mudar de rumo muitas das linhas evolutivas que levaram até espantosas conquistas tecnológicas, estéticas, comportamentais e legais".[42] Aqui, se lembrarmos de suas canções, podemos pensar que essa ideia é semelhante à percepção de um sentido cifrado na imagem do indígena que virá profeticamente após o extermínio do seu povo: "mais avançado que a mais avançada das mais avançadas das tecnologias" ("Um índio"). Um ser ameríndio, negro, chinês, indiano, islâmico, super-humano.

Em *Verdade tropical*, o artista-ensaísta que se põe a refletir sobre o destino do Brasil vislumbra um caminho em que a superação do século norte-americano possa engendrar um desvio de rota favorável a nós, e admite: "Ter como horizonte um mito do Brasil — gigante mestiço lusófono americano do hemisfério sul — como desempenhando um papel sutil mas crucial nessa passagem é simplesmente uma fantasia inevitável".[43] Algo que, poderíamos completar hoje, viria a se esboçar nos anos seguintes com o governo Lula, quando, por uma série de razões, o mundo passou a admirar o Brasil, então integrante dos BRICS, com uma política externa respeitável, um programa importante de redução da miséria e uma atuação cultural generosa e inclusiva, conduzida pelo ministro da Cultura Gilberto Gil. A tradução mais perfeita desse projeto de mundo conduzido pelo Brasil, tal como vislumbrado por Caetano, é o momento epifânico em que Gil e Kofi Annan, secretário-geral da ONU,[44] tocam juntos "Toda menina baiana" na Assembleia Geral da Organização, em Nova York, em 2003, fazendo todos no auditório dançarem.[45]

Como bem mostra Antonio Risério, a geração de Caetano, Gil, Tom Zé, Glauber Rocha, Rogério Duarte e muitos outros foi em grande medida formada por um ambiente cultural progressista que dominava Salvador no início dos anos 1960, do qual eram parte importante alguns artistas de vanguarda estrangeiros, como o fotógrafo e etnólogo Pierre Verger, o músico dodecafônico Hans-Joachim Koellreutter e a arquiteta Lina Bo Bardi. Caracterizando a fascinação de Lina pela cultura do Nordeste, Darcy Ribeiro escreve o seguinte:

> Lina queria que o Brasil tivesse uma indústria a partir das habilidades que estão na mão do povo, do olhar da gente com originalidade. Poderíamos reinventar os talheres de comer, os pratos, a camisa de vestir, o sapato. Havia toda uma possibilidade de que o mundo fosse refeito.[46]

De fato, essa ideia é muito próxima daquilo que pensa Caetano ainda hoje para o Brasil. Pois a postura afirmativa e original que temos o dever de desenvolver não é uma abstração esotérica, e sim uma possibilidade de reinvenção das formas de se vestir, de andar, dançar (uma política do corpo), de se relacionar com o outro, e, a partir daí, inventar novos espaços públicos e lugares de morar.

Na trilha musical para o filme *Tieta do agreste* (1996), de Cacá Diegues, Caetano Veloso trabalha com a Didá Banda Feminina, do Pelourinho, que imprime uma forte base percussiva às canções. No ano seguinte, em *Livro*, combina o ritmo da percussão baiana aos sopros de metais do *cool* jazz, numa clara operação de mestiçagem musical. E em *Noites do Norte*, três anos mais tarde, mantém o protagonismo percussivo nos arranjos, num álbum que dá grande ênfase ao tema da escravidão. Não por acaso, nesse momento em que se voltou à reflexão ensaística sobre a cultura e a história do Brasil, o artista musicou dois textos de autores do século 19: Castro Alves, poeta romântico, pardo, republicano e abolicionista ("O navio negreiro"), e Joaquim Nabuco, historiador, diplomata e figura de destaque na defesa da abolição da escravatura no Brasil ("Noites do Norte").

No poema "O navio negreiro", Castro Alves descreve o transporte dos escravizados da África para o Brasil como um pesadelo dantesco, em que se misturam espectros, sangue, choro e delírio, confundindo-se com uma festa sinistra sob o sádico estalar do açoite (a "orquestra irônica estridente"). "E existe um povo que a bandeira empresta/ Pra cobrir tanta infâmia e covardia!", sentencia o poeta de forma acusativa. Na música, Caetano e Bethânia falam o texto (um excerto do poema) sobre uma base percussiva, numa espécie de rap suave, mas solene e contido, grave e forte. E, à medida que a canção avança, a percussão vira samba, e um coro de mulheres, à maneira de um canto de lavadeiras, vai repetindo o bordão: "Que navio é esse que chegou agora?/ É o navio negreiro com os escravos de Angola".

"Noites do Norte", por sua vez, é uma canção lírica que combina as formas da seresta e da ópera orquestral do século 19, feita a partir de um trecho do livro *Minha formação*, de Joaquim Nabuco, e que se inicia com a frase: "A escravidão permanecerá por muito tempo como a característica nacional do Brasil". A escravidão é, portanto, de acordo com Nabuco e Caetano, a marca inescapável da nossa história: traumática, violenta, imperdoável. Mas, ao mesmo tempo, afirma o verso do texto/canção: "Ela espalhou por nossas vastas solidões uma grande suavidade". Frase que traz consigo um ponto muito polêmico. Seria possível enxergar suavidade como resultado de um processo de exploração, abuso e violência? O ponto de vista crítico e artístico de Caetano, que volta e meia acusa um certo sectarismo no discurso dos movimentos identitários, afirma que sim, enxergando a nossa história não apenas como uma luta entre dois lados, mas também como um processo contraditório e paradoxal do qual certas características singulares emergem. Como acontece no samba, que, segundo a canção "Desde que o samba é samba", embora seja "filho da dor" (da escravidão), é o "pai do prazer", afirmando-se como "o grande poder transformador".

Natural do Recôncavo baiano, Caetano sempre fez questão de se definir como mulato ou pardo. Respondendo a Euclides da Cunha, que condena os "mestiços neurastênicos do litoral",[47] ele canta: "Sou um mulato nato/ No sentido lato/ Mulato democrático do litoral" ("Sugar Cane Fields Forever"). E conta que as suas duas avós foram mães solteiras — realidade comum em cidades pequenas do interior do Brasil —, o que sempre dificultou a identificação de árvores genealógicas e heranças raciais na maioria das famílias. Assim, contrastando com a ideia de que o mestiço brasileiro seja apenas, ou predominantemente, o produto de uma violência histórica — o estupro de escravizadas negras por senhores brancos —, ele cita as pesquisas de Mércio Gomes em *O Brasil inevitável*, que argumenta que "a maior parte da mestiçagem brasileira se deu, na verdade, entre índios e pretos, nas periferias pobres das vilas e cidades, em comunidades pesqueiras, nas fazendas e engenhos, nos múltiplos caminhos do povoamento do país".[48]

O filósofo transgênero Paul B. Preciado, em conversa com Caetano na Festa Literária de Paraty (Flip), em 2020, afirma ter um "otimismo patológico" como estratégia de discurso (e de autoconvencimento) diante de um mundo dominado pelo medo e por diversas formas de intolerância e fascismo, pois apesar disso — e também como sintoma disso mesmo — a epistemologia patriarcal-colonial está, hoje, a ponto de colapsar. Ao que Caetano responde, afirmando ter ele um "otimismo programático" em relação ao Brasil.[49] Pois temos aqui uma série de traços anômalos em relação à nossa formação: somos o outro gigante do hemisfério ocidental e falamos português. Um país com uma concentração enorme de pessoas negras e pardas, onde, diferentemente de outras colônias, muitos escravos puderam ganhar ou comprar a alforria. Mas o que faremos com nossas peculiaridades de formação?, pergunta. Temos a responsabilidade de criar um mundo novo a partir dessa experiência, provocar, e dizer ao mundo por onde ir. Missão que aparece cristalinamente figurada no passista de escola de samba, sobre (e para) quem ele canta: "Vem/ Eu vou pousar a mão no teu quadril/ Multiplicar-te os pés por muitos mil/ Fita o céu/ Roda:/ A dor define nossa vida toda/ Mas estes passos lançam moda/ E dirão ao mundo por onde ir" ("Os passistas").

Uma importante conquista recente dos movimentos antirracistas pelo mundo é a acusação de que o elogio acrítico da mestiçagem, ou da miscigenação, encobre tanto as violências históricas envolvidas na colonização e na escravidão, ocorridas na América de norte a sul, quanto sua perpetuação como racismo estrutural ao longo dos séculos 20 e 21, em países já independentes e republicanos. Ocorre que o processo de mistura racial e cultural que de fato aconteceu no Brasil, como também em Cuba, por exemplo — por meio de práticas violentas, mas não apenas —, foi e é o responsável pela criação de formas culturais e de sociabilidade extremamente belas, originais e libertárias, e que não cabem na conta única da opressão. Isto é, entender e valorizar a existência de um Brasil mestiço de um ponto de vista crítico não significa automaticamente recair no mito pacificador de uma "democracia racial". Crítico em relação a muitos argumentos racialistas de extração norte-americana, o pensamento de Caetano sobre esse importante tema, sendo fiel ao espírito heterodoxo do tropicalismo, é o de que a mestiçagem possa ser vista não como "mito a encobrir", mas como "forma de vida a revelar".[50]

Para os norte-americanos, diferentemente dos brasileiros, canta Caetano: "Branco é branco, preto é preto, e a mulata não é a tal" ("Americanos"). Comparação ambivalente, pois enquanto lá em cima (ao norte) "concedem-se, conquistam-se direitos", aqui embaixo (ao sul) "a indefinição é o regime". E prossegue: "E dançamos com uma graça cujo segredo nem eu mesmo sei/ Entre a delícia e a desgraça/ Entre o monstruoso e o sublime". Isto é, enquanto o pensamento norte-americano, espelhando uma história de separação racial muito forte, insiste na definição clara dos limites, aqui no Brasil vigora certa indeterminação. E se, por um lado, essa indefinição é o que permite a permanência de muitas formas de racismo velado, assim como a recorrente confusão entre as esferas pública e privada, ela permite também uma porosidade cultural que faz com que certas práticas culturais, ideias e formas de se comportar possam permanecer em aberto, como que se construindo permanentemente, ao invés de se verem rotuladas como coisas já definidas, compreendidas e classificadas segundo sentidos muito precisos.

Ocorre que a posição de crítica à mestiçagem não pode ser imputada simplesmente a uma recente influência norte-americana no debate brasileiro. Historicamente invisibilizada, essa discussão é uma tônica dos movimentos negros brasileiros desde há muito tempo, e em especial após a criação do Movimento Negro Unificado, em 1978.[51] O que levou, por exemplo, os movimentos negros brasileiros a substituírem a comemoração pela libertação da escravidão, no dia 13 de Maio, pela data presumível da morte de Zumbi dos Palmares, em 20 de Novembro.

Admirador da figura histórica da Princesa Isabel, por conta de seu apoio secreto ao chamado Quilombo do Leblon — organização abolicionista sediada no Rio de Janeiro —, Caetano a invoca recorrentemente em suas canções, fazendo-a contracenar antropofagicamente com o grande líder dos quilombos: "Zabé come Zumbi, Zumbi come Zabé" ("Feitiço"), ou "Tudo embuarcará na arca de Zumbi e Zabé" ("Meu coco"). Fato que tem gerado compreensível descontentamento em muitas pessoas negras, cansadas de verem se erguer mais uma vez o mito de uma mãe branca para o Brasil. País no qual as mães negras é que criaram sozinhas, com dificuldade e zelo, não apenas seus inúmeros filhos, como também os filhos das mulheres brancas para as quais trabalham. Descontentamento que ecoa a lembrança de que o compositor foi um dos signatários, em 2006, de uma carta que se opunha à criação de cotas raciais nas universidades públicas brasileiras, entendendo — como muitos, naquela época — que a verdadeira desigualdade em causa era social, e que o debate racialista poderia encobrir a luta pelos direitos universais.

Na canção "Sampa", composta no final dos anos 1970, São Paulo é descrita simultaneamente como "túmulo do samba" e "possível novo quilombo de Zumbi". Imagem que antevê o surgimento e a afirmação do hip hop na cidade, como uma gestação paulistana do discurso racial, em oposição ao espírito fusional do samba, do qual provém também a axé music, por exemplo. Forças que entraram simbolicamente em choque durante a gravação do *Vídeo Music Awards* da MTV, em 1998, quando os Racionais MC's demonstraram claro desprezo por Carlinhos Brown, que fazia o papel de mestre de cerimônia. Ao que este, em reação, interrompeu o discurso de KL Jay, que denunciava o fato de que na favela ninguém tinha acesso à MTV, para entoar um canto em honra aos orixás e ao Pelourinho renovado. Perguntado sobre sua posição pessoal diante daquele embate, Caetano respondeu que, para ele, naquela cena, os Racionais eram o "possível novo quilombo de Zumbi", e Carlinhos Brown era a ideia de que "novos baianos te podem curtir numa boa". Tensão teatral entre duas partes que, segundo ele, foi muito importante e bonita. "Acho que a tensão entre elas é que nos diz alguma coisa", observa. "A gente não pode abrir mão de nenhuma das duas, não pode se dar ao luxo disso."[52]

Careta, quem é você?

A potência do Brasil, 2006-22

NOS ÚLTIMOS ANOS, AINDA ANTES DA PANDEMIA, quando frequentávamos festas, fui percebendo, pouco a pouco, que duas canções de Caetano feitas nos anos 1980 — e gravadas respectivamente por Bethânia e Gal — passavam a ser obrigatórias nas pistas de dança, produzindo enorme excitação nas pessoas. Um duplo caso de sucesso tardio, de canções que de repente passaram a ser reconhecidas como atuais, muito tempo depois de seus lançamentos. Refiro-me a "Reconvexo" e "Vaca profana".

"Reconvexo" é a afirmação de potência de um ser que se anuncia ("Eu sou") tanto como "a chuva que lança areia do Saara" sobre Roma quanto como "um preto norte-americano forte com brinco de ouro na orelha". Emanação de poder multiforme que empresta sua energia da "Gita", de Raul Seixas e Paulo Coelho, e da "Fruta gogoia", do folclore baiano, cantada por Gal Costa em *Fa-tal* (1971), e que se torna crível, como samba de roda, na poderosíssima voz de Maria Bethânia. Já "Vaca profana", por sua vez, salta em ritmo de rock[1] como um hino do empoderamento feminino, de mulheres-animais sagradas-profanas que colocam seus cornos ostensivamente para fora e acima da manada. Donas de divinas-assombrosas tetas, que derramam leite bom e mau na cara e na alma de quem estiver em volta. Significativo lembrar que o seio exposto de Gal Costa, no show em que cantava "Brasil", de Cazuza, em 1994, com direção de Gerald Thomas, foi muito mal recebido pela imprensa, confirmando a tácita caretice da época.

Caretice, esse é o x da questão. Se nos anos 1980 e 90 a caretice dominava — na onda reversa do ambiente contracultural dos anos 1960 e 70 —, sob a emergência histórica do neoliberalismo, como comentamos a propósito da canção "O estrangeiro", temos hoje, nas primeiras décadas dos anos 2000, outro cenário. Tanto no Brasil como no mundo, assistimos ao avanço de pautas libertárias e à aparição afirmativa de novos corpos nas cidades. Dando claros sinais de reação àquela "nova ordem mundial" dos anos 1990, o novo século/milênio se iniciou com as manifestações contra a Organização Mundial do Comércio em Seattle, em 1999, e com a grande marcha zapatista no México, em 2001. Ao que se seguiriam, uma década depois, os vários movimentos de *occupy* e as primaveras urbanas, num período de amplo crescimento da luta ambientalista, das paradas gay — que vieram a ser renomeadas como paradas LGBTQIA+ — e dos movimentos identitários em torno das pautas de raça, sexo e gênero. E, emanando das periferias das grandes cidades brasileiras, o funk e o rap foram se tornando cada vez mais decisivos para a compreensão do que venha ser hoje nossa cultura popular.

Contudo, foi também exatamente nesse mesmo contexto histórico que a caretice yuppie das décadas anteriores se metamorfoseou em conservadorismo explícito, desembocando, em muitos lugares do mundo, como no Brasil, em formas contemporâneas de fascismo. Mas como explicar o fato de essas duas ondas tão opostas ocorrerem, no mundo, ao mesmo tempo? Por um lado, parece evidente que o moralismo reacionário que saiu do armário nos anos recentes representou uma reação às conquistas sociais e simbólicas mencionadas antes, um *backlash*. Mas não apenas. Os "palhaços líderes" que "brotaram macabros", tanto no Império quanto em "seus vastos quintais" — como mostra agudamente Caetano em "Anjos tronchos", de seu último disco (*Meu coco*, 2021) —, são emanações de um mundo novo e complexo. Um mundo que conferiu demasiado poder à internet e seus algoritmos, instaurando um regime de vigilância, de ódio e de cancelamentos violentos e arbitrários, e que recrudesceu politicamente após muitos movimentos de contestação política aparentemente progressistas, como as primaveras árabes. Vivemos hoje em meio a esse nebuloso imbróglio. E Caetano Veloso é, mais uma vez, já no raiar dos seus oitenta anos, um dos artistas brasileiros que mais se mostra capaz de entender e traduzir tais complexidades.

Voltemos agora a "Reconvexo" e "Vaca profana". O que explica a surpreendente atualidade dessas duas canções é o fato de que ambas nomeiam direta e claramente o "careta" e o chamam para dançar. "Meu som te cega, careta/ Quem é você?", canta o eu lírico de "Reconvexo", em forma de simultânea afirmação e pergunta. Quem é você, que não entendeu nem Andy Warhol nem o Olodum? Quem é você, que não ri, não sente o suingue, nem ama elegâncias sutis? Caretas de Paris, de Nova York e de São Paulo, cujo pragmatismo avesso a qualquer desbunde os torna alheios às reentrâncias barrocas do côncavo e do convexo, sem as quais a vida é puro cálculo econômico, frio individualismo arrivista ou expressão direta das formas de opressão de classe. Pois, atenção: não se trata, aqui, apenas do careta capitalista, empresário ou *player* do mercado financeiro, mas também do careta intelectual, vinculado a um ideário nacional-popular de cultura, assim como o careta jornalista esnobe, que se achava acima do Brasil, como Paulo Francis. O próprio Caetano esclarece: "A letra é meio contra o Paulo Francis, uma resposta àquele estilo de gente que queria desrespeitar o que era brasileiro, o que era baiano, a contracultura, a cultura pop, todo um conjunto de coisas que um certo charme jornalístico, de tipo Tom Wolf, detestava e agredia".[2]

Em clima de proximidade com a Movida Madrilenha, a deusa-animal feminina (vaca profana) que coloca seus cornos acima da manada — distinguindo-se do rebanho de ignorantes, da "maioria silenciosa" que hoje se tornou barulhenta — derrama chuvas de leite mau na cara e na alma dos caretas. "Mas eu também sei ser careta/ De perto ninguém é normal", confessa e pondera a voz que canta, pedindo afinal à Deusa-Vaca que derrame também leite bom sobre os caretas. Isto é, em operação poética que recusa os maniqueísmos — traço decisivo na obra cancional de Caetano —, o compositor não isola o careta como um ser aberrante em relação ao qual não existiria nenhum ponto de contato. Ao contrário, reconhece a possibilidade da caretice em si mesmo — afinal, o que seria uma pessoa "normal"? — e chama o antagonista para dançar. Não me admira, portanto, que essas duas canções tenham se tornado hinos em grupos progressistas de classe média nos dias atuais, reacendendo o sentido de versos que trinta anos atrás não pareciam tão urgentemente importantes ou esclarecedores. O que é um sinal de inegável saúde intelectual e espiritual diante dos desafios que enfrentamos.

Mais recentemente, Caetano realiza operação semelhante em outra canção feita para Gal Costa cantar. Em "Neguinho", do álbum *Recanto* (2011), o personagem descrito parece encarnar o individualismo consumista de uma classe média avessa aos valores da educação e da cultura. Alguém que não lê, que fura o sinal, que só pensa em se dar bem, que compra três TVs de plasma, carro, GPS, e que só quer saber de filme em shopping. Mas aqui também, esse "neguinho" — termo que, no Brasil, designa de forma coloquial a maneira de chamar alguém, um "carinha", "fulaninho", sem que isso deixe de trazer marcas de um racismo estrutural da nossa sociedade — sofre, ao final da canção, uma espécie de redenção provisória com o verso: "Neguinho que eu falo é nós".

Como interpretar essas torções inesperadas de ponto de vista, em que a voz do sujeito que canta passa subitamente da denúncia crítica do seu antagonista ao seu perdão e incorporação em si mesmo? Seria possível apontar aí uma posição que vacila entre a acusação de valores condenáveis e a autoindulgência? Ou então: que simula opiniões contundentes para disfarçar uma espécie de vale-tudo conceitual? Não é o que eu penso. Muito pelo contrário. Daí a decisão de iniciar este livro com o depoimento de Caetano sobre o quanto a ditadura militar não representava uma excrescência vinda de fora, mas mostrava-se, em chave oposta — e com grande dor para o próprio autor, preso e exilado por aquele regime —, como uma expressão profunda do "ser do Brasil". Longe de qualquer esquematismo dual e maniqueísta — para o qual uma leitura marxista da cultura certas vezes pende —, o pensamento artístico de Caetano, assim como o de Zé Celso, de Glauber Rocha, entre outros, é capaz de incorporar tragicamente o outro em sua identidade, purgando-o de forma ritual em atos de "violência regeneradora".[3] Longe de Hegel e de Marx, as referências mais evidentes aqui são Nietzsche, Freud e Antonin Artaud. Trata-se de um paradigma catártico e sacrificial, segundo o qual, como escreve Zé Celso, era preciso localizar o inimigo em si mesmo e amá-lo para depois destruí-lo.[4]

Ainda dentro do tema da atualidade renovada de Caetano, gostaria de citar uma terceira canção sua dos anos 1980. Composta para o filme *Dedé mamata* (1987), de Rodolfo Brandão e Tereza Gonzalez, "Falou, amizade" dialoga com o contexto de alienação de jovens de classe média nos anos 1970, que se desincompatibilizavam com o idealismo político de seus pais, marcante na década anterior. Num clima onírico construído por teclados e por uma percussão ritmada de agogôs, a canção não deixa de interpelar também os jovens do final da década de 1980, cantando a dificuldade de sonhar no momento em que aparentemente todos os sonhos já tinham sido sonhados, e o fim deles fora decretado ("the dream is over").

"O sonho já tinha acabado quando eu vim/ E cinzas de sonho desabam sobre mim/ Mil sonhos já foram sonhados/ Quando nós perguntamos ao passado: estamos sós?", diz a letra da canção. E arremata em seguida com uma belíssima conclusão, fraterna, aberta e extremamente atual: "Mil sonhos serão urdidos na cidade/ Na escuridão, no vazio, na amizade/ A velha amizade esboça um país mais real/ Um país mais que divino/ Masculino, feminino e plural".

AGORA OLHE PRA LÁ PORQUE EU FUI-ME EMBORA

Em 2006, Caetano dá uma nova e importante guinada em sua carreira. Título do álbum de canções inéditas e autorais lançado naquele ano, *Cê* (corruptela de você) passou a nomear também a nova banda que ali se constituía, além da trilogia de discos que ele viria a fazer com essa banda (Trilogia Cê), incluindo *Zii & Zie*, em 2009, e *Abraçaço*, em 2012. Formada por músicos jovens da cena indie e rock carioca, pertencentes ao círculo de amizades de seu filho Moreno — Pedro Sá na guitarra, Ricardo Dias Gomes no baixo e Marcelo Callado na bateria —, a banda teve uma contribuição fundamental na renovação musical de Caetano Veloso.

Essa sonoridade seca e despojada, com letras mais "desencanadas", associadas a um visual também sóbrio e simples, se contrapunha tanto ao Caetano orquestral de antes quanto ao ensaísta-pensador que atuava na arena das discussões teóricas sobre a formação histórica e cultural do Brasil, e que se mostrava, para muitos, como um esnobe portador de "verdades" (referência ao título do seu livro, *Verdade tropical*). Nesse passo, o artista trocava ainda, em certa medida, as apresentações em casas de show blockbuster, passando também a apresentar-se em lugares menores, como a choperia do Sesc Pompeia, em São Paulo, ou a Fundição Progresso e o Circo Voador, no Rio — além dos ensaios abertos no Teatro Oi Casa Grande, no show *Obra em progresso*, em 2008, que gestou o disco *Zii & Zie*.[5] Segundo o pesquisador Pedro Bustamante Teixeira, ele ali se reinventava "menor", sem orquestra e percussão, com uma banda diminuta, minimalista, em meio à qual, apesar da estridência do rock, ouvia-se mais nitidamente seu violão joão-gilbertiano.[6] Ideia que é reforçada pelo próprio Caetano, quando afirma que a sonoridade da banda, "por parecer opor-se a tanto do que fiz [...] me livra um pouco de mim mesmo para que eu me aproxime mais de ser quem sou".[7] Em outras palavras, esse som econômico, esvaziado e construidamente sujo, de quem estava curtindo *Pixies at the BBC*, levava-o a reencontrar algo essencial em si próprio: a vitalidade de discos como *Transa* (1972), *Uns* (1983) e *Velô* (1984).

Essa alegria e jovialidade renovadas, já prenunciadas no clima de tara e brincadeira que domina seu disco anterior, com Jorge Mautner (*Eu não peço desculpa*, 2001), se explicitam logo na primeira canção, chamada "Outro", um rock em compasso ternário acelerado, bem marcado pela guitarra e com bateria em clima de fanfarra. O tema, aqui, é a transmutação: alguém que já sofreu e fez sofrer muito numa relação amorosa, mas que agora foi-se embora, reapresentando-se ao mundo irreconhecivelmente potente: "Você nem vai me reconhecer/ Quando eu passar por você/ De cara alegre e cruel/ Feliz e mau como um pau duro/ Acendendo-se no escuro/ Cascavel eriçada na moita/ Concentrada e afoita".

Em "Musa híbrida", o contagiante balanço suingado da guitarra mescla o rock com o samba,[8] numa forma musical também híbrida que potencializa o sentido da letra: o canto fosco e "mestiçoso" que descreve e exalta essa musa menina-onça, mistura de animal selvagem com bundos e Congo (africanos), Dongo (italianos), gê e tupi (indígenas da América do Sul), batavo (holandês), luso, hebreu e mouro. Desenha-se aqui a forma do "*transamba*", que dominaria o clima musical do disco seguinte, *Zii & Zie*, em que se destaca mais uma pérola de mestiçagem musical: "A cor amarela", um rock-samba de roda malicioso, dançante e cinematográfico, em que o amarelo do biquíni da menina preta se destaca, no close de sua bunda, entre o mar e o marrom da sua "pele tesa". Uma espécie de garota de Ipanema contemporânea.

O tom franco e direto de *Cê* está em consonância com as recorrentes imagens sexuais de mucosas roxas, paus duros e mamilos de rosa-fagulha, além do orgasmo sofregamente represado de "Porquê?", à eterna espera da comunhão com o(a) parceiro(a): "Estou-me a vir/ E tu como é que te tens por dentro?/ Porque não te vens também?". Pois se "Eclipse oculto", o rock-hit de *Uns* (1983), descrevia com humor uma brochada (resolvida em "gargalhadas e lágrimas"), aqui, com sotaque de fadista *techno*, como escreveu o jornalista Paulo Roberto Pires, Caetano "roça sua língua na língua e, principalmente, em outras partes de Luís de Camões".[9]

Porém, ao lado do orgasmo — ou da promessa dele —, há também, em *Cê*, um ódio e um luto subterrâneos, com uma intensidade suspensa e sombria. Daí a força da aproximação entre a "asa do avião" e a ausência de chão para seu choro em "Minhas lágrimas", vácuo que desenha sua vida como uma página em branco. O tom fortemente autoral e autobiográfico do disco ecoa a separação então recente de Paula Lavigne (ocorrida em 2004) e também um sentimento de perda da capacidade (ou da vontade) de tensionar o mundo, percepção particularmente aguda para alguém que sempre assumiu essa tensão como potência. Tema que aparece explicitamente, sob uma batida fúnebre e solene de tambor e baixo, no retrato-réquiem que constrói de si mesmo em oposição ao poeta Waly Salomão, seu amigo morto: "Eu sigo aqui e sempre em frente/ Deixando minha errática marca de serpente/ Sem asas e sem veneno/ Sem plumas e sem raiva suficiente" ("Waly Salomão").

Aqui chegamos ao lado avesso da energia solar descrita anteriormente, e associada ao rejuvenescimento artístico de Caetano nesse período. É nesse momento, também, que ele compõe canções que estão entre as mais vertiginosamente tristes de toda sua obra, tais como "Você não gosta de mim" (1998), "Não me arrependo" (2006), "Estou triste" e "Quando o galo cantou" (2012), além das já referidas "Minhas lágrimas" e "Waly Salomão" (2006). Ainda que Caetano seja um poeta de um lirismo profundo e cortante, são poucas as canções — desde o início da carreira, em 1965, até o final do século — em que a tristeza e a melancolia predominam, como acontece pontualmente no disco do exílio londrino de 1971 (*Caetano Veloso*), em "Mãe" (1978), "Ela e eu" (1979), "Noite de hotel", "José" e "O ciúme" (todas de 1987) e "Etc." (1989), essas últimas, não por acaso, feitas no período em que se separou de Dedé Gadelha, sua primeira mulher.

Comentando "Tempestades solares", uma canção de explícita crise conjugal, Caetano afirma: "Diferentemente de Djavan e Chico Buarque, que disseram em entrevistas que suas músicas não tinham nada a ver com suas vidas, para ser sincero, eu quase poderia dizer o contrário: praticamente todas as minhas músicas são autobiográficas".[10] Depreende-se daí, portanto, que a claustrofobia do casamento em crise ("Você não gosta de mim/ Não sinto o ar se aquecer ao redor de você/ Quando chego da estrada") continua ecoando na vida vazia de baladas jovens em clima de Big Brother, entre sexo, cocaína e ecstasy (drogas que ele não toma), como se vê em "Falso Leblon". E, sobretudo, chega às raias da dor insuportável na interiodade do seu quarto sozinho ("o lugar mais frio do Rio"), em que, sentindo-se vazio e ainda assim farto, ele se pergunta: "Por que será que existe o que quer que seja?" ("Estou triste").

UM DEUS, UM BICHO, UM HOMEM

"Tou tão infeliz/ Um crucificado deitado ao lado/ Os nervos tremem no chão do quarto/ Por onde o sêmen se espalhou." Versos terríveis como esses constroem um cenário apocalíptico na canção "Lobão tem razão", gravada em *Zii & Zie*, acompanhados da dolorida sentença: "O mundo acabou".

Tratava-se de uma resposta a Lobão, longamente maturada, oito anos depois de o roqueiro ter gravado "Mano Caetano" (2001), uma furiosa — mas também amorosa — acusação de arrogância sobranceira na postura do artista baiano em ritmo de rap-maracatu, pedindo-lhe menos assertividade ("chega de verdade") e ironizando: "Não pros mano/ Não pras mina/ Sim pro meu umbigo". O disparador da polêmica tinha sido a canção "Rock 'n' Raul", na qual Caetano caracteriza a admiração de Raul Seixas pelos norte-americanos, décadas antes, e atualiza esse cenário com os versos: "E hoje olha os mano", em referência aos rappers, e ainda "E o lobo bolo", citando o "Lobo bobo" da bossa nova — que atiçou a fúria de Lobão.[11] Fato é que a resposta tardia de Caetano, baixando a temperatura da "conversa", acusa o golpe, e, repetindo em sua canção a frase "chega de verdade", aceita a reprimenda de Lobão, como quem diz "chega de saudade" com a cabeça baixa e ao revés. O que não é pouco. Caetano não tem problema em ouvir críticas e mudar de ideia sobre diversos assuntos, mas essa sentença acusa o centro do seu éthos leonino, sua verve barroca solar e afirmativa, que pode, no entanto, muitas vezes soar opressiva. Assim, conversando com seus próprios demônios através de Lobão, ele parece admitir o desgaste de sua narrativa acerca dos caminhos da cultura no Brasil.[12] Na canção, o leão e o lobo são dois crucificados em meio às ruínas de um mundo morto, em que só resta uma monótona chuva fina sobre o Redentor — o crucificado por excelência, cujos braços abertos, aqui, não acolhem nem redimem ninguém.

Portanto, a tristeza cortante que atravessa esses três discos, assim como *Recanto* (2011), de Gal Costa — em que Caetano assina todas as composições e a produção musical — não se resume a um estado de espírito pessoal ligado à sua vida amorosa. Nos quatro álbuns em questão existem canções notáveis nas quais percebemos graves reavaliações tanto da sua própria trajetória como artista, à medida que se aproximava dos setenta anos de idade, e de suas possibilidades de atuação na cena contemporânea quanto do estado do mundo e do Brasil, em particular, colocando em dúvida, e em risco, muitas apostas suas e de sua geração. Duas dessas canções, como vimos, são "Waly Salomão" e "Lobão tem razão". Mas há pelo menos outras duas importantes nesse rol. Uma delas é "Perdeu", de *Zii & Zie*.

Com um pulso de guitarra duro, seco e obsessivo, a canção se inicia enumerando verbos no pretérito perfeito que demonstram a aparição violenta de um ser indeterminado: "Pariu, cuspiu, expeliu". E depois: "Brotou alguém/ Algum, ninguém/ O quê?/ A quem?". Essa criatura indefinível — "um deus, um bicho, um homem" — não apenas parece brotar do nada, como que por geração espontânea, mas também se multiplica incessantemente: "São cem, são mil, são cem mil/ milhão/ Do mal, do bem/ Lá vem um". Como percebeu Pedro Bustamante Teixeira, há aqui uma remissão ao poema "O bicho", de Manuel Bandeira, no qual o eu lírico descobre, consternado, que o ser que revira o lixo no chão imundo do pátio não é um cão, nem um gato, nem um rato, e sim um homem. A canção de Caetano, no entanto, não parte de ilusão nenhuma. Sua caracterização é terrivelmente sóbria. Sob o fundo "de mata escura e mar azul" — a beleza da paisagem do Rio, que ainda persiste em alguma camada, tal qual os colonizadores viram quando ali chegaram —, proliferam os miseráveis, em meio à violência de traficantes, policiais e milícias, crescendo nas bordas da favela e seguindo um ciclo repetitivo e cruel: prendeu, executou, soltou, matou, furou, fudeu. Perdeu, perdeu, perdeu...

Como vimos, os temas da miséria, da criminalidade e da injustiça social permeiam várias canções de Caetano, como "Fora da ordem", "O cu do mundo", "Haiti", entre outras, como a mais recente "O império da lei", citada na apresentação. Mas aqui salta à memória a canção "Outros românticos", de *Estrangeiro* (1989), e a imagem dos 30 milhões de meninos abandonados do Brasil, com seus peitos e paus crescendo. Meninos que agora retornam em bando e bradam: "A conta é outra". E ainda: "Antes assim do que viver/ Pequeno e bom". Caetano, claramente, se aproxima de um universo poético muito elaborado em canções de Chico Buarque, como "Pivete" (1978), "Não sonho mais" (1980, já mencionada), "O meu guri" (1981) e, mais recentemente, "As caravanas" (2017). Mas se nesta última os negros surgem como aparição sinistra (no sentido de *Unheimlich*) nas praias da zona sul carioca ("estranhos suburbanos tipo muçulmanos do Jacarezinho a caminho do Jardim de Alá"), criando atrito social, em "Perdeu" o ciclo se cumpre tragicamente sobre si mesmo, diante da natureza exuberante e da "nave da cidade", sem que nada se altere. "O sol se pôs/ Depois nasceu/ E nada aconteceu", repete o canto inúmeras vezes ao final, ecoando de certa forma o mantra também final de "Bye Bye Brasil", de Chico Buarque e Roberto Menescal: "O sol nunca mais vai se pôr".

Muito já se comentou sobre a relação entre "Um abraçaço", de Caetano Veloso, e "Aquele abraço" (1969), em que Gilberto Gil se despede do país — saindo da prisão rumo ao exílio em Londres — em tom de exaltação, cantando a beleza do Rio de Janeiro (metonímia do Brasil), dando um salve para muitos personagens da cidade ("Alô alô") e reafirmando o fato de que quem traçava seu caminho era ele mesmo, e mais ninguém — note-se, em complemento, que a expressão "aquele abraço" contém um duplo sentido, que também pode significar algo como foda-se, não tô nem aí, vou nessa. Revisitando o tema, mais de quarenta anos depois, Caetano glosa a exaltação de Gil com uma série de superlativos terminados em aço (beijaço, abraçaço), que fazem par com a alegria excelsa e eletrônica de "Parabéns": "Tudo mega bom, giga bom, tera bom". Mas, se o alto-astral de Gil em 1969 contrastava radicalmente com a situação de violência que ele estava vivendo — e o país também —, aqui essa aparente alegria superlativa de Caetano contracena de forma paradoxal com um discurso de amargura e decepção. Afinal, que abraço superlativo é esse que o artista manda em 2012, e a quem será que se destina?

"Tudo que não deu certo/ E sei que não tem conserto/ Meu silêncio chorou, chorou." Temos aqui a medula poética de uma canção que, por um lado, pode ser lida na chave amorosa, como o rompimento de um amor que não vingou, mas, por outro, também pode ser entendida, como notou Pedro Duarte de Andrade, como uma consciência crítica do fracasso em termos mais amplos, modulando as grandes expectativas que orientaram seus projetos e visão de mundo décadas antes. Pois no caso de Caetano, observa, o artista que aparece no século 21 já não é o mesmo do século anterior. "Continuando um processo de constante revisão e às vezes até autocrítica, Caetano submete o século 20 — suas esperanças e utopias — ao modo como compreende o século 21."[13] Um século de "controles totais", poderíamos completar, comandado por algoritmos letais, por linchamentos digitais, por líderes autoritários macabros e por revoluções apaixonadas que, no entanto, se transmutam em horror, como veríamos registrado mais tarde em "Anjos tronchos" (2021).

O disco *Abraçaço* foi lançado em 2012, um ano antes, portanto, das grandes manifestações que abalaram as ruas e a política brasileira em junho de 2013. Antes disso, em 2006, no enredo do homem negro racialista que se converte, durante a dança, em defensor da democracia racial ("O herói"), Caetano situa o momento do país como estando "depois do fim do medo e da esperança", isto é, num momento em que já haviam sido superados tanto o temor do PT — que ficou famoso na campanha presidencial de José Serra em 2002, quando a atriz Regina Duarte disse que tinha "medo" de uma vitória de Lula —, quanto a esperança no partido — estampada no jingle "Lula-lá, cresce a esperança" — com o escândalo do mensalão. Caetano, que apoiou Brizola em 1989, Fernando Henrique Cardoso em 1994, e nutriu admiração confessa por Ciro Gomes e Marina Silva em pleitos seguintes, via o chamado "espetáculo do crescimento" do governo Lula, e mesmo a política cultural do ministro Gilberto Gil, com certo distanciamento crítico. E, num comentário elogioso sobre Marina, em 2009, acabou fazendo um ataque desnecessário e descalibrado a Lula, dizendo que "ela é meio preta, é cabocla, é inteligente como o Obama, não é analfabeta como o Lula, que não sabe falar, é cafona falando, grosseiro".[14] Ao que sua mãe, Dona Canô, prontamente respondeu na imprensa, como quem passa um pito no filho falastrão: "Vou me desculpar e dizer que, pelo que conheço de Caetano, sei que ele não quis ofender o presidente. Não é possível que ele chamasse Lula de analfabeto, aliás, ele nem teria o direito de falar assim. Ele é apenas um cantor".[15]

No mesmo ano de 2009, o compositor construiria uma imagem do bairro da Lapa, no Rio de Janeiro, como uma espécie de síntese do nosso tempo, onde convivem bem as diversidades (choro, samba e rock, "cool e popular") e a imagem por excelência do Rio se vê integrada à da Bahia (Pelourinho) e à de São Paulo, que se tornou também nacional: "Lula e FH" ("Lapa"). Quer dizer, Lula e FH representam aqui um estado de direito democrático que o Brasil alcançou, ou parecia ter alcançado, e que permitia o florescimento de uma vida urbana mais rica, com diversidades não apenas toleradas, mas harmoniosamente integradas e criativas. Tudo parecia bem, portanto.

Mas o clima soturno do álbum *Zii & Zie*, perceptível desde a foto da capa, indicava outra coisa. No disco seguinte, *Abraçaço*, às vésperas do terremoto de junho de 2013, Caetano decidia passar em revista duas das grandes matrizes da utopia estética e política do século 20. Uma é universal e mais exterior ao seu próprio percurso: o comunismo. A outra é brasileira e central para sua vida e obra: a bossa nova (atrás da qual se encontra também a antropofagia). Utopias grandiosas e modernas, que mobilizaram a imaginação de gerações na direção da instauração de mundos outros. Uma simbolizada pela "luta romântica" de Carlos Marighella, o "mulato baiano" alinhado a Moscou ("Um comunista"), e apoiada pelas críticas ao imperialismo militar norte-americano ("Base de Guantánamo"), e a outra pela bruxaria do também baiano João Gilberto, capaz de converter simbolicamente o mito das raças tristes em potência de luta, em novos minotauros ("A bossa nova é foda").

Voltamos agora à canção que dá título ao disco. O que é que não deu certo, que não tem conserto e que o silêncio do cantor chorou? Que projeto falhado é esse, visto agora com distanciamento histórico e expectativas rebaixadas? A voz que canta declara: "Dei um laço no espaço/ Pra pegar um pedaço/ Do universo que podemos ver". Ou seja, lancei (lançamos) um projeto artístico — o tropicalismo, prolongando a bossa nova, ambos herdeiros do modernismo — que tinha a ambição de mudar a política por meio da estética ("Esse laço era um verso"). "Mas foi tudo perverso", prossegue, pois "Você não se deixou ficar/ No meu emaranhado/ Foi parar do outro lado/ Do outro lado de lá, de lá". Quer dizer, as coisas se desencaixaram, se perderam, como nota Pedro Duarte de Andrade.[16] "Meu destino eu não traço", aceita. Não conseguimos construir uma sociedade que estivesse minimamente à altura da bossa nova, como queria Caetano. Ao que ele, do alto dos seus setenta anos de idade, e em tom de amargura irônica, num momento ímpar de acúmulo de tensões sociais no país, responde: "Hey/ Hoje eu mando um abraçaço", como quem diz: valeu aí galera, agora é com vocês.

Claramente, o sujeito que chega a essa conclusão não é o leonino potente e narcisista, postado do lado do Sol, mas a criatura lunar do "Recanto escuro": lugar dos pulsos lentos e mecanicamente repetitivos de baixo com programação eletrônica, distorções e ruídos. Um ser catatônico que, diante das portas da cidade, nada procura fazer. Alguém para quem a ação de mudar o mundo não é um investimento de vida, mas apenas um gesto superficialmente banal, cuja solicitação vem de fora: "Convidam-me a mudar o mundo/ É fácil, nem tem que pensar/ Nem ver o fundo".

A PUREZA É UM MITO

Numa passagem crucial de *Verdade tropical*, Caetano descreve o impacto que sentiu ao ver o filme *Terra em transe* (1967), de Glauber Rocha, no momento em que foi lançado. Ali, uma cena em especial causava revolta nos círculos de esquerda — formados por estudantes, artistas e intelectuais —, mas excitava o jovem músico, abrindo-lhe perspectivas novas, que formariam o núcleo essencial do tropicalismo. Nessa cena, durante um comício político, o protagonista do filme — o poeta Paulo Martins — chama para perto de si um líder sindical. E, para mostrar o quão despreparado ele está para lutar por seus direitos, interrompe seu discurso, tapando-lhe violentamente a boca com a mão e gritando: "Estão vendo quem é o Povo? Um imbecil, um analfabeto, um despolitizado! Já pensaram Gerônimo no poder?".

Nessa cena polemicamente traumática — uma verdadeira "hecatombe" perpetrada por Glauber —, Caetano enxerga a "morte do populismo de esquerda". Pois "era a própria fé nas forças populares", em suas palavras, "o que aqui era descartado como arma política ou valor ético em si." Algo que libertava a mente para enquadrar o Brasil em uma perspectiva mais ampla, ainda segundo seu raciocínio, "permitindo miradas críticas de natureza antropológica, mítica, mística, formalista e moral com que nem se sonhava",[17] e que perguntava pelo nosso destino. Explicita-se aqui um fosso entre o olhar do músico baiano, então às vésperas de inaugurar o tropicalismo, e o ideário dos intelectuais e universitários, alinhados à esquerda política, mas em geral conservadores do ponto de vista comportamental. Comparando-se a estes, Caetano escreve: "eu me sentia, em questões para mim fundamentais, muito mais longe do pequeno-burguês do que os meus críticos: eles nunca discutiam temas como sexo e raça, elegância e gosto, amor ou forma. Nesses itens o mundo era aceito tal e qual".[18]

No longo e meticuloso ensaio que escreveu sobre *Verdade tropical*, publicado em 2012, o crítico literário Roberto Schwarz vê a posição de Caetano diante dessa cena como altamente conservadora. Lembrando que a recaída de Paulo Martins na truculência oligárquica tem, no filme, um efeito de distanciamento brechtiano — que, de forma um tanto autoflageladora, revela um desespero da esquerda diante das promessas de revolução não cumpridas —, Roberto considera regressiva a euforia de Caetano, que, ainda segundo ele, passa por alto as contradições do personagem. E, de um ângulo claramente materialista, reprova suas conclusões, observando que

> longe de ser novidade, a consideração "antropológica, mítica, mística, formalista e moral" do país, bem como a pergunta pelo "nosso destino", marcava uma volta ao passado, às definições estáticas pelo caráter nacional, pela raça, pela herança religiosa, pelas origens portuguesas, que justamente a visão histórico-social vinha redimensionar e traduzir em termos da complexidade contemporânea.[19]

Não penso, contudo, que a posição de Caetano seja regressiva nesse caso. Muito pelo contrário. Discutir a relação entre cultura e política, à luz de *Terra em transe*, a partir de categorias como gênero, sexualidade e raça, não me parece um passo atrás, e sim à frente. Nesse sentido, é preciso reconhecer que a insistência na interpretação materialista, por Roberto, não deixa de calar importantes dimensões antropológicas que estão presentes nesse filme e que, na obra de Glauber, são fundamentais desde pelo menos *Barravento* (1962), cuja narrativa gira em torno do conflito entre a posição mágico-animista do candomblé e a visão crítica da exploração de classe. Além disso, sua excitação com a "morte do populismo de esquerda" não representa uma desincompatibilização do artista com o destino dos pobres, como pretende o crítico, mas sim, como bem argumenta João Camillo Penna,

> a recusa do sistema de compromissos paternalistas de representação clientelística do povo. O que corresponde, nesse sentido, de fato, a uma libertação, porque retira do campo estético-político a referência deferente, tingida de má consciência, à generalidade popular, como modelo dominante de politização da arte, abrindo espaço para formas que, sem se desobrigarem dos destinos da pobreza brasileira, não se arrogam a *representá-la*, nem se veem forçadas a serem os portadores de sua verdade.[20]

Eis o argumento central do ensaio de Schwarz: o tropicalismo, surgido no final dos anos 1960, foi um movimento ambivalente, movido, por um lado, pela reveladora e inédita acusação dos anacronismos brasileiros, mas, por outro, por uma equalização um tanto imobilista e conservadora dessas contradições — fixada na ideia de alegoria —, que as colocava lado a lado, numa lógica de equivalência semelhante à do mercado e da mídia, sem apontar horizonte algum de superação desses anacronismos.[21] Com efeito, se a perspectiva sincrética do tropicalismo oscila entre a negatividade e a positividade artística diante do contexto social e ideológico do país, Caetano, ao recontar e analisar essa história três décadas depois, segundo Roberto, rebaixa as ambivalências originais ao assumir uma posição claramente identificada ao lado vencedor da Guerra Fria: o capitalismo liberal. Assim, sua posição no final dos anos 1990 representaria, segundo esse ponto de vista, o compromisso com "o horizonte rebaixado e inglório do capital vitorioso".[22] Isto é: uma capitulação diante da negatividade que marcou tão profundamente os anos 1960. Daí o livro mostrar-se, ainda segundo o crítico marxista, como um poderoso documento do "percurso de nosso tempo". Um tempo marcadamente conservador. Curiosamente, uma das trilhas que leva Roberto Schwarz a essa conclusão é o que considera uma imperdoável "complacência" do músico diante da ditadura militar. Algo que aparece, segundo sua visão, no modo intimista e alienado como descreve seus sentimentos na prisão, enfatizando sua falta de libido e incapacidade de chorar, acompanhadas de "superstições baratas". "Nenhuma vontade de resistência, nenhuma ideia sobre a continuidade do movimento oposicionista de que, mal ou bem, mesmo involuntariamente, o artista continuava a ser parte", anota. Apenas um "longo queixume analítico" que, na verdade, funciona como desconversa retórica, observa Schwarz, "dispensando o autor de reatar o fio com a posição avançada e guerreira em que se encontrava no momento em que a direita política o atingiu".[23] E que se combina, no plano geral, segundo Roberto, com a ideia expressa por Caetano de que a ditadura não deixava de ser uma expressão real do Brasil. Revelação de um "desejo acrítico de conciliação",[24] ainda segundo Schwarz, capaz de perdoar até o regime que o encarcerou e exilou, já que o intérprete tardio viria a compreender, no fundo, que no plano geral da Guerra Fria aquele regime opressor — patrocinado, afinal, pelos Estados Unidos — foi necessário para defender a liberdade de mercado contra a ameaça comunista. Vitória histórica que Caetano agora (no final dos anos 1990) comemorava, e da qual supostamente era beneficiário.

Contudo, vejamos. Preso e recolhido a uma cela solitária sem que pudesse saber sequer a razão dessa violência que o vitimava, Caetano se viu extremamente deprimido e apartado de si mesmo. Seu ressecamento corporal e espiritual — a lágrima e a ejaculação represadas — espelha uma catatonia em tudo alheia a qualquer possibilidade de uma reflexão ou ação de cunho político geral, tal como gostaria o crítico. Significativamente, no entanto, figuras como Paul B. Preciado veriam nessa mesma narração de Caetano na prisão um teor político de extrema relevância: a descrição de um "corpo em ruptura", um "corpo falhado", de alguém que, ao contrário da maioria dos homens, tem a coragem de colocar em destaque sua incapacidade sexual.[25] Embora longe do tema da luta de classes, a narração expõe, pela fragilidade, uma atualidade renovada do político, em que a situação de opressão roça as questões de sexo, como recusa do heroísmo fálico.

Iniciei esse livro citando o discurso de Caetano Veloso no show *Circuladô*, em 1992, em que afirmava que a ditadura militar não se abateu sobre nós como uma espécie de óvni vindo de lugar nenhum, como muitos dos seus colegas progressistas pensavam àquela altura. Na direção contrária àquelas visões, ele dizia sentir que o autoritarismo e a truculência que a ditadura representa saíam — nos anos 1960, e continuavam a sair ainda nos 1990 — de "regiões profundas do *ser do Brasil*". Da minha parte, confesso que, embora tivesse facilidade para entender a crítica ao maniqueísmo expressa nessa ideia, tive dificuldade para compreender, em 1992, o sentido de permanência dessas forças retrógradas entre nós. Isto é, entendia essa face autoritária e ressentida da sociedade brasileira não como um *ser*, e sim como um *estar* já ultrapassado. Uma força não tão profunda, portanto. Mas será que o reconhecimento franco desse conservadorismo como um *ser do Brasil*, tal como proposto por Caetano, acaba naturalizando o mal em nós, e assim inviabilizando qualquer possibilidade de sua superação? Essa é a conclusão a que chegaríamos seguindo o raciocínio de Schwarz: a reiteração acrítica do fundo arcaico brasileiro acaba por impedir sua dissolução. Penso, no entanto, o inverso.

No excelente livro em que esmiuça e analisa as diferenças de pontos de vista entre Roberto Schwarz e Caetano Veloso, João Camillo Penna ilumina uma questão central em relação a esse ponto: o texto de Roberto revela uma incompreensão fundamental dos mecanismos de identificação paradoxal com o outro (o antagonista), que são o grande achado da estética sacrificial tropicalista e que remontam à psicanálise e ao tema do trágico. Caetano se referiu muitas vezes à importância que Zé Celso confere ao entendimento da natureza *masoquista* do tropicalismo. Aliás, já discutimos aqui esse tema, por exemplo, em relação à vocação parricida do movimento, com sua necessidade de matar o pai (a bossa nova), como um gesto de sacrifício ritual em honra a esse mesmo pai, evitando assim sua repetição diluidora.

Ora, o maior exemplo de enfrentamento dos atrasos invocado por Schwarz é o método Paulo Freire de educação. Sua pedagogia do oprimido propõe exatamente um processo de superação, em que se sai de uma situação de alienação para chegar ao conhecimento emancipado. Ocorre que nem sempre um método usado para a alfabetização de adultos é válido (ou desejável) para fazer ou pensar arte, mesmo que comparativamente. E de fato o tropicalismo não pensa os processos de conscientização e enfrentamento das contradições como um caminho de superação evolutiva, fundado numa base histórica hegeliana. Segundo seu dispositivo identificatório catártico, o antagonista não é separado do sujeito da enunciação mediante a crítica ideológica. Ao contrário, por esse prisma, é preciso representar teatralmente o horror em nós, convocando ritualmente o inimigo — a ditadura, por exemplo — para poder destruí-lo, devorando-o.

Esse procedimento fica evidente quando pensamos no Teatro Oficina. No caso de peças como *O rei da vela* e *Roda viva* (1967 e 68), o público é levado a identificar-se não consigo mesmo — em geral uma classe média universitária, cuja passividade precisava ser acusada, estranhada —, mas com os protagonistas das narrativas: homens brancos, militares, norte-americanos, burgueses reacionários, ídolos pop arrivistas. Personagens que, após atraírem a identificação empática da plateia, terminam destruídos catarticamente, na medida em que a própria plateia é também fisicamente atacada pelos atores. Conforme repete inúmeras vezes Zé Celso, lembra João Camillo, "trata-se sempre de consagrar 'tudo o que é reacionário' por meio de um ritual que replica dramaticamente o rito apologético, apenas para, no auge de tudo, estuprá-lo, no que consiste um roteiro sacrificial clássico".[26] Processo que está na base do próprio movimento de transformação cênica da companhia teatral, que após essas peças caminha na direção de eliminar os protagonistas em nome da ascensão do coro dionisíaco, coletivo e carnavalesco, e termina por demolir o próprio edifício do teatro, dotado de palco italiano e proscênio, para construir o novo espaço projetado por Lina Bo Bardi e Edson Elito: um palco-pista destituído de "quarta parede", como uma rua nua que atravessa o lote, um terreiro-sambódromo.

Esse masoquismo catártico, está claro, é muito próprio ao espírito do Teatro Oficina e à figura de Zé Celso, com inspiração em Jean Genet e Artaud. Mas de fato Caetano subscreve a ideia de que o tropicalismo seja marcado por uma "volúpia pelo antes considerado desprezível",[27] isto é, pela programática "eleição de tudo o que nos parecesse a princípio insuportável",[28] segundo suas palavras, do mesmo modo que *Terra em transe* realizava uma "ostentação barroquizante de nossas falências, de nossas torpezas e de nossos ridículos". Daí a carga de "dor sem esperança" estampada na imagem da "criança sorridente feia e morta" que estende a mão diante do monumento fechado, no Planalto Central do país. Daí, também, o uso de palavras como "margarina" e "coca-cola" em suas canções, aludindo ao universo pop das mercadorias de consumo, além de "lanchonete", uma "mistura monstruosa de francês com inglês", nas palavras do compositor, que era "como o anúncio de uma vulgaridade intolerável que começava a tomar conta do mundo".[29]

Quer dizer: o masoquismo, em Caetano, pode ser identificado a esse alter ego da canção "Baby", que insiste em lhe lembrar que, mesmo contra sua vontade, ele precisa saber da margarina, da gasolina, e aprender inglês, abrindo-se sem reservas para o mundo que o rodeia. Em resumo, e voltando ao ponto: se o problema obsessivamente perseguido por Roberto Schwarz em seus ensaios gira em torno da não realização de um luto pela guinada conservadora do Brasil após o golpe de 1964, a carreira de Caetano é toda marcada por um caminho de atravessamento desse núcleo traumático com base numa essencial afirmação da vida.

Quando realiza o estridente happening de "É proibido proibir" no FIC de 1968, com colares de dentes de animais grandes, gritando "Deus está solto" e confrontando agressivamente a plateia universitária que o vaiava, Caetano Veloso estava claramente se oferecendo em sacrifício simbólico para uma plateia que o violentava. Há aí uma ambivalência do sagrado posta em cena, em que o cantor, imolado como vítima substitutiva, reage também violentamente àquela situação opressiva, tentando acordar a plateia do seu estado de cegueira maniqueísta. "Onde queres um lar, revolução", cantaria ele uma década e meia mais tarde, em "O quereres" (1984), explicitando o lugar fugidio de onde fala, sempre escapadiço, e nunca bem afeito ao conforto de quem espera encontrá-lo numa posição definida e pacificada. Mutante como a "bruta flor do querer" — o desejo que nunca encontra lugar certo ("Pecado original") —, o lugar da ideologia política também se mostra esquivo, não monolítico.

Assim, operando leituras complexas da realidade, o compositor submete a visão da política e da sociedade a processos de subjetivação capazes de internalizar o outro em si mesmo para depois purgá-lo, transformando o "tabu em totem", como queria Oswald de Andrade. Algo que já vimos aqui, por exemplo, na sua ideia de que Jânio Quadros — o "monstro" homofóbico — precisasse primeiro ser eleito para, só então, ser posto para fora, expurgado. Ou, em registro interno à forma musical, como vimos também, na voz que sobe uma oitava em "O estrangeiro", assumindo com ironia teatral o discurso autoritário iniciado com o verso: "*É chegada a hora da reeducação de alguém*".

A "equivocidade tropicalista", na expressão de João Camillo Penna, se opõe frontalmente, nesse sentido, à univocidade ideológica da esquerda marxista que tendia (e tende ainda) a mistificar a ideia de povo como instância pura, protegida e portadora do sentido de revolução. "Da adversidade vivemos", diz o grito de alerta da Nova Objetividade, nas palavras de Hélio Oiticica. "A pureza é um mito", denuncia o penetrável *Tropicália*, do mesmo artista, em registro semelhante ao da polêmica cena de *Terra em transe*, de Glauber Rocha. E Caetano, ao explicar as razões do tropicalismo, em *Verdade tropical*, reforça a dimensão catártica e sacrificial do movimento, que precisou tanto enfrentar a opressão da ditadura e do conservadorismo moralista da sociedade brasileira, por um lado, quanto romper o halo idealizante e protegido do nosso meio cultural, por outro. Meio formado por artistas que agiam como se estivéssemos ainda no Brasil dos anos 1950 e que diluíam a força da bossa nova com uma esdrúxula conjugação de samba-jazz e canção engajada.

Daí a ideia exposta pelo artista-ensaísta de que era preciso assassinar o carnaval brasileiro como um ato regenerador. Quer dizer, "acabar de vez com a imagem do Brasil nacional-popular e com a imagem do Brasil garota da Zona Sul, do Brasil mulata de maiô de paetê, meias brilhantes e salto alto", abrindo caminho para um novo carnaval mais eletrificado, cubanizado, popificado, popular. "Não era apenas uma revolta contra a ditadura militar", observa. "De certa forma, sentíamos que o país ter chegado a desrespeitar todos os direitos humanos", poderia mesmo "ser tomado como um sinal de que estávamos andando para algum lugar, *botando algo de terrível para fora*, o que forçava a esquerda a mudar suas perspectivas."[30]

Observação que, convenhamos, soa extremamente aguda para nós hoje, identificando um processo de desrepressão da truculência que precisamos compreender como um problema nosso, do país como um todo, e que só poderá ser trabalhado — como uma espécie de psicanálise coletiva — se nos engajarmos em enfrentá-lo com uma visceralidade teatral. Daí a extrema atualidade da crítica tropicalista no panorama de um Brasil bolsonarista, cuja presença sinistra veio para ficar. Hoje está muito claro que não caminharemos para lugar nenhum, no Brasil, sem considerar seriamente o monstro que vive em nós. Quando Schwarz publicou seu ensaio, um ano antes dos tremores de 2013, o panorama ainda era outro.

Referindo-se à miríade de imagens violentas presentes nas letras das canções tropicalistas, aos sons desagradáveis e ruidosos dos seus arranjos e às atitudes agressivas dos seus artistas em relação à vida cultural brasileira, Caetano explicita o raciocínio que tanto desagradou a Schwarz: "Tínhamos, por assim dizer, assumido o horror da ditadura como um gesto nosso, um gesto revelador do país, que nós, agora tomados como agentes semiconscientes, deveríamos transformar em suprema violência regeneradora".[31] Mas de que violência exatamente ele está falando?

Caetano mira sua artilharia contra um grande tabu empedernido da esquerda: sua crença de poder conduzir o povo ao mesmo tempo que se finge conduzida por ele. Essa visão messiânica (e portanto linear e redentora) da história é de repente desnudada por Glauber, que, seguindo procedimentos alegóricos do drama barroco, dá forma à história como uma sucessão de catástrofes. Assim, a heresia em questão é a violenta exposição desse tabu: o imaginário messiânico em condições que o desmentem. E a reação exaltada de Caetano a essa cena corresponde ao sentimento de liberação implicado na queda de um tabu, com toda a violência simbólica que isso acarreta. Para Roberto, essa acusação só pode vir de uma posição caracterizada como de direita no campo político. Mas os tabus encapsulam estruturas de opressão, mesmo quando provenientes da esquerda. E, de fato, a acusação de uma dissociação entre perspectivas políticas, de um lado, e temas como sexo e raça, elegância e gosto, amor e forma, de outro, pode resultar violenta, na voz de alguém que não pretende falar em nome do povo, mas de uma multiplicidade de gentes, dotadas de corpos e portadoras de modos de vida plurais e heterogêneos.[32] Fato é que esse enfrentamento opera teatralmente com a violência desrecalcada do Brasil da ditadura, fazendo-se dublê dessa alteridade sinistra. Muito distante da direita, sua posição tem o objetivo de abrir espaço na cena progressista, ventilando-a. Mas sem deixar de contracenar com as complexidades do Brasil como um todo.

QUAL SERÁ TEU PAPEL NA SALVAÇÃO DO MUNDO?

Em 2020, em entrevista ao programa *Conversa com Bial*, Caetano Veloso discordou da comparação de equivalência, feita pelo entrevistador, entre duas experiências históricas distintas: o totalitarismo soviético e o nazismo alemão. Afastando-se elegante e incisivamente de Bial, referiu-se autocriticamente à própria posição anterior, dizendo não ser mais "liberaloide" como era. E imputou sua mudança de posição, agora mais favorável do que antes ao socialismo, à leitura de livros do teórico italiano Domenico Losurdo, que veio a conhecer por meio do youtuber e historiador brasileiro Jones Manoel.

A ponderação logo levantou reações exaltadas na imprensa e nas redes sociais, identificando absurdamente Caetano ao stalinismo. Mas, ainda que a censura ao seu passado "liberaloide" soe um pouco naïf, o que Caetano bem explicou a Bial naquela conversa foi que os textos de Losurdo lhe revelaram o papel central da colonização e da escravidão para o liberalismo ocidental. E de fato a *Contra-história do liberalismo* escrita pelo teórico marxista italiano se dedica a elucidar minuciosamente esses nós, mostrando o quanto a defesa das liberdades do indivíduo, do mercado e do cidadão em relação ao governante (em oposição ao absolutismo do monarca) não colocava em questão o direito de propriedade sobre escravizados, considerado quase sempre um "bem positivo" e legítimo. E lembra que nas primeiras décadas da democracia norte-americana, tão aclamada por Tocqueville, praticamente todos os presidentes eram proprietários de escravizados do estado da Virgínia.[33]

Sem que esses dados sejam propriamente uma novidade no debate histórico, a abordagem de Losurdo esclarece o papel central que o escamoteamento da escravidão e do racismo teve (e tem) para a economia liberal e para sua fundamentação filosófica. Pois, inventando o conceito de raça para amparar o sistema de exploração colonial no século 16, a doutrina liberal se fundamentou numa bárbara discriminação entre as criaturas humanas e fundou uma filosofia da história baseada em um universalismo agressivo e colonizador, segundo o qual o dito Ocidente encarna a missão de extirpar a barbárie do mundo, seguindo o que Jones Manoel chamou de "fardo civilizatório do homem branco".[34] Assim, por meio dessa explicação, a tão elogiada (e sempre defendida por Caetano) liberdade do indivíduo se revela, na verdade, uma liberdade apenas do indivíduo branco ocidental e rico, ou de classe média, e que só é possível existir e se manter porque outros indivíduos — em sua maioria não brancos e não ocidentais — são explorados e destituídos de qualquer direito à aspiração dessa mesma liberdade.

Vistas as coisas não pelo ângulo de operários russos ou chineses, mas de trabalhadores brasileiros para quem a opressão de classe quase sempre coincide com a discriminação racial, o problema, para Caetano, se mostrou mais palpável e evidente.[35] Com a vantagem, inclusive, de representar uma clara aproximação da esquerda, seguindo, no entanto, uma linha de pensamento antagônica à de Roberto Schwarz. Pois, ainda que Roberto evidentemente conheça e compreenda o papel estrutural da escravidão para o liberalismo ocidental, seu esquema teórico das "ideias fora do lugar",[36] montado para interpretar o deslocamento do ideário liberal-iluminista no Brasil do século 19, supõe a existência de um lugar central e original para o liberalismo razoavelmente imune às aberrações escravocratas e coloniais. Algo que Jones Manoel considera uma "comédia de erros", em razão da suposição, por Schwarz, de que o liberalismo no Brasil, dada a sua compatibilidade com a escravidão e, posteriormente, com a dominação oligárquica, seria incompleto e contraditório.[37]

Feitas as contas, essa recente guinada à esquerda de Caetano Veloso parece responder sim, em grande medida, a um incômodo surgido com as referidas críticas de Roberto Schwarz à sua posição político-ideológica, perceptíveis já na canção "Um comunista", lançada alguns meses após a publicação do texto do crítico, e em seguida no novo prefácio que escreveu ao livro *Verdade tropical*, publicado em 2017. Como bem observou Acauam Oliveira, "Caetano se posiciona publicamente como quem joga xadrez". Atentando para aquilo que muitas vezes não é dito explicitamente em suas declarações, o pesquisador observa que, no caso da "conversão comunista" de Caetano, "o grande elefante branco no meio da sala" é a crítica de Schwarz à utopia liberal presente em seu pensamento nos anos 1990, "cujo sentido histórico deu no que deu".[38] Assim, prossegue, para Caetano pareceu melhor trazer para o debate "o jovem intelectual Jones Manoel, negro e pernambucano" e personagem pop na cena da internet, do que insistir no antagonismo com a intelectualidade universitária de São Paulo. O que, ainda segundo Acauam — também negro e professor em Pernambuco —, se revela ao mesmo tempo positivo, espelhando novos tempos, e convocando novos atores para o diálogo, e estrategicamente calculado, "servindo, malandramente, para ocultar o nome do santo".

Num Brasil em que a *intelligentsia* liberal convergiu para suportar a política do ministro Paulo Guedes, servindo como factoide de um Estado nacionalista que opera como um anti-Estado "suicidário",[39] a posição de um liberalismo esclarecido, que tinha como virtude tensionar os dogmas da esquerda, perdeu seu lugar e sua razão de ser. Posição aquela que supunha também uma arena pública de debates mais sofisticada e plural do que as redes sociais de agora, onde as adesões e as deserções a certos pontos de vista se dão em bloco, com debates pouco matizados e argumentados, e os afetos que embasam curtidas e cancelamentos se assemelham a tempestades desembestadas — percepção que é tematizada em "Anjos tronchos" e, particularmente clara, em versos como: "Um post vil poderá matar".

Assim, me parece que é possível perceber nessa mudança de posição de Caetano uma combinação complexa de fatores. De um lado, uma certa malandragem — tomando a expressão de Acauam — de quem quer estar atualizado e afinado à opinião dos jovens, que seguem certa moda de adesão a posições de esquerda no tribunal da internet. E, de outro, uma fina análise de conjuntura, diante de um país absolutamente polarizado, onde o lugar da ambiguidade perdeu sentido e eficácia estética e política. Posição que, diga-se de passagem, acompanha uma guinada política dada antes por Paula Lavigne, que em 2017 fundou o movimento 342 Artes, assumindo um lugar de protagonismo na militância do meio artístico no contexto da gigantesca regressão política e da ameaça à democracia no país.

"O Brasil vai dar certo porque eu quero",[40] declarava polemicamente Caetano no início dos anos 2000. É claro que há um efeito retórico aqui. Mas o voluntarismo da frase, que chama o país para uma mudança através do exemplo individual, espelha em grande medida aquela afirmação do sujeito (ou da liberdade individual) que produzia eco e tensionava o contexto de ideias num país onde ainda reinava uma certa normalidade democrática. Significativamente, hoje Caetano parece ter trocado aquele voluntarismo algo liberal por um chamamento à responsabilidade, tal como se vê em seu potente discurso diante do Senado brasileiro no Ato pela Terra, organizado por ele contra a destruição da legislação ambiental, em 2022:

> Minhas expectativas otimistas sobre o Brasil não são tanto a esperança. São mais a responsabilidade. Se não buscarmos dentro de nós o que temos de energia histórica para fazer, pelo que somos, algo bom ao mundo, perdemos a exigência de agir e pensar de modo consequente.

Ao mesmo tempo, no plano das canções, o álbum *Meu coco* traz um Caetano muito diferente daquele que em 1984 desconfiava da Nova República ("Podres poderes"), que em 1991 acusava o estado de brutalidade da nação composta de "grupos de linchadores" ("O cu do mundo"), que em 1993 criticava a ausência de cidadania num país violentamente racista ("Haiti") e que em 2009 flagrava o bicho-homem cuspido do ventre da mãe e crescido sem amparo nas bordas da favela ("Perdeu"). Em 2021, Caetano não quer apontar mais uma vez as fraturas do país, tão destroçado pelo bolsonarismo e pela imensa quantidade de mortes causada pela pandemia de Covid-19. E de cara anuncia: "Nação grande demais para que alguém engula/ Aviso aos navegantes: bandeira da paz" ("Meu coco").

Assim, invocando uma série de anjos (ora tronchos, ora da anunciação), ele se coloca como um pai mais velho que benze o filho, cujo nome Enzo (Anjo?) Gabriel é o mais registrado dentre os nascidos no Brasil em 2018 e 19. Menino alegórico que na canção se vê encarregado, incumbido — predestinado a — não apenas de salvar o Brasil do horror, mas também e consequentemente de salvar o mundo a partir do Brasil. Isto é: no exato momento histórico em que nos tornamos de fato "a mais triste nação, na época mais podre", tal como vislumbrado por Caetano trinta anos antes, chegando a um fundo do poço cada vez mais gigante, é que então, paradoxalmente e por absurdo, nos vemos no dever de salvar o mundo.

Há um evidente sebastianismo aqui, o que não é novidade na obra e no pensamento do artista baiano. E o raciocínio de inversão de uma situação por absurdo também não chega a ser alheio ao seu raciocínio: transformar o horror em suprema violência regeneradora. Jair Bolsonaro é a brutalidade ressentida, ignorante, o culto bestial da morte, o "capitão do mato" atualizado no século 21. E o país que ele representa, apesar de ser um sintoma verdadeiro e profundo do nosso "ser" enquanto sociedade, é o total oposto — e não por acaso — do projeto de país vislumbrado e ferrenhamente defendido, por Caetano e por muitos outros artistas brasileiros, há tantas décadas. Arnaldo Antunes, diante disso, fez uma aposta contundente na força do real como resistência ao mundo delirante das fake news bolsonaristas ("O real resiste", 2020). Em meio a um pesadelo que embaralha torturador, mula sem cabeça, miliciano, terraplanista e bicho-papão, se pergunta se aquilo tudo é verdade ou ilusão. O problema, no entanto, como bem apontou Nuno Ramos, é que há também uma realidade bolsonarista que nós não percebíamos e que, uma vez liberada, não cansa de resistir a nossa vontade de apagá-la.[41]

Em "As caravanas" (2017), lançada já no Brasil rachado pelo golpe ao mandato de Dilma Rousseff, Chico Buarque descreve um cenário tenebroso de racismo e violência social que parece estar também no limite do pesadelo ilusório: "Tem que bater, tem que matar, engrossa a gritaria/ Filha do medo, a raiva é mãe da covardia/ Ou doido sou eu que escuto vozes?". Ou seja: será que essa gritaria toda são apenas vozes na minha cabeça? Será que há mesmo essa gente tão insana cultuando um fascismo orgulhoso no Brasil? Ou será isso, talvez, apenas um efeito do excesso de sol que bate na nossa cabeça — o mesmo sol africano de *O estrangeiro* de Albert Camus —, provocando-nos delírios? O recurso poético à dúvida, aqui, é evidentemente irônico. As caravanas do Arará, que trazem multidões de "estranhos" suburbanos para as praias da zona sul carioca nos fins de semana são reencenações invertidas (em forma de revanche) das caravelas (navios negreiros) que antes os trouxeram da África para cá. E a voz de ódio que os quer afastar da vista, bater e até matar não é outra que não a mesma que mandava açoitar os escravizados nos pelourinhos, e que hoje manda matar gratuitamente populações negras e pobres em ações policiais nas favelas.

Referindo-se à sua canção "Um índio", feita em meados dos anos 1970, Caetano diz que procurou falar em tom de profecia utópica, de modo a compensar um pouco o excesso de negatividade do tropicalismo e sua participação pessoal no sentimento de desencanto produzido pela adesão tropicalista, de inspiração pop, à cultura de consumo. Vejo algo semelhante, agora, em *Meu coco*. Contra as "câimbras, furúnculos, ínguas" do presente, ele reúne um panteão de vozes da MPB para lhe opor resistência. Sim, a canção aqui é uma espécie de mito de origem do país que retorna após seu proclamado fim — algo que Caetano, como vimos, no entanto, nunca subscreveu. O espírito do disco, portanto, não é de dissenso, mas de união: "Com Naras, Bethânias e Elis, faremos mundo feliz", ele canta, invocando e reforçando o gesto de Chico Buarque em "Paratodos". Pois aquilo que para muitos parece ser a catástrofe final da nossa sociedade pode também ser visto por um ângulo diverso e surpreendentemente construtivo. É o que faz Caetano, quando observa que o fato de os conservadores, que antes eram chamados de "maioria silenciosa", terem hoje saído do armário e se tornado tão barulhentos é um sinal de sua evidente fraqueza. Significa, em suas palavras, "que a capacidade de conservação deles como grupo está ameaçada".[42] O que indica promissores caminhos para nós.

VIRÁ QUE EU VI!

No filme-documentário *Narciso em férias* (2020),[43] de Renato Terra e Ricardo Calil, Caetano revisita memórias dos meses em que passou encarcerado pelo regime militar. Ele relembra o fato de que quando foi preso pela polícia, em seu apartamento em São Paulo, logo pela manhã, não tinha ainda sequer dormido, pois havia passado toda a madrugada na companhia de amigos, tocando músicas em casa. E algumas delas, depois da prisão consumada, acabaram sendo associadas involuntariamente por ele, de forma um tanto supersticiosa, às ideias de azar e de premonição, tais como "Assum preto" (Luiz Gonzaga e Humberto Teixeira), "Súplica" (Nelson Gonçalves) e "Onde o céu azul é mais azul" (João de Barro, Alcir Pires e Alberto Ribeiro, sucesso na voz de Francisco Alves). Mas, se as duas primeiras têm temáticas lúgubres, a terceira, ao contrário, fala docemente de um país "grande e feliz", e pergunta: "O seu Brasil o que é que tem?/ O seu Brasil onde é que está?".

Ao se referir a essa história, na entrevista a Pedro Bial, demarcando o fato de que desde então — por mais de cinquenta anos, portanto — ele nunca mais cantou essas músicas, Caetano se emociona e diz ter ficado com pena das canções, como se elas não merecessem tal punição, cuja violência está inscrita na sua própria prisão e exílio. Mas, no breve momento de emoção explícita em que fala disso, no programa televisivo, em 2020, o que está evidente, a meu ver, é a reatualização desse fardo de violência e punição no fosso profundo dos anos de governo Bolsonaro, agravados pela calamidade da pandemia. Assim, a grande pena que ele parece sentir — e talvez perceber de modo mais claro apenas naquele momento, enquanto fala — é uma pena do Brasil, do seu destino de grandeza dado como natural (ainda que ingenuamente) em "Onde o céu azul é mais azul". Isto é, um sentimento de pena, talvez, por uma ideia de Brasil que ele e muitos de sua geração tanto acalentaram — um país singular e potente, vocacionado a dar um recado especial ao mundo — e que em 2020 se via (e hoje ainda se vê) questionada, e sob risco de ter parecido apenas uma quimera, uma amarga ilusão. Mas Caetano não baixa a guarda, como vimos, e em *Meu coco* reage mais uma vez, com as armas que tem e as multiplica em ações políticas concretas, como no Ato pela Terra, em 2022.

Na canção "Não vou deixar", o artista (que não se separa do seu "eu lírico") se coloca num lugar de confrontação direta com o então presidente e sua malta, retomando a canção clássica de Chico Buarque ("Apesar de você") e fazendo-se porta-voz de um grupo que, petulantemente, declara que não vai aceitar esse rebaixamento do Brasil, essa destruição da nossa história (como país, povo, cultura) e da nossa vida (como pessoas). "Não vou deixar/ Porque eu sei cantar". Essa é sua senha de combate. Afinal, "cantar é mais do que lembrar". Mais do que um ato rememorativo, cantar "é ter o coração daquilo" ("Jenipapo absoluto"), isto é, construir a vida em ato pela força da enunciação. E desse modo, como artista, poder "lançar mundos no mundo" ("Livros"), iluminando *mundos outros* que não aquele que a razão fria e pragmática enxerga diante dos olhos e chama de realidade. Mundos que estão inscritos na realidade como suas promessas latentes, suas dobras. Nas palavras de Eduardo Giannetti, autor admirado por Caetano:

> A biodiversidade da nossa geografia e a sociodiversidade da nossa história são os principais trunfos brasileiros diante de uma civilização em crise. — Que o mal e o pouco do tempo presente não nos deprimam nem iludam ou desanimem. O futuro se redefine sem cessar — ele responde à força e à ousadia do nosso querer.[44]

Sabemos que a insistência de Caetano na ideia de uma vocação de grandeza e originalidade do Brasil — o desejo e a ambição de uma perspectiva de alcance mundial a partir da experiência do Atlântico Sul — remonta a uma tradição sebastianista luso-baiana, muito inspirada em Fernando Pessoa, pela intermediação da figura do pensador português Agostinho da Silva. Claro que nunca interessou a Caetano o pendor regressivo e antimoderno do sebastianismo luso, com sua saudade do catolicismo medieval, mas sim a sugestão de um futuro espiritualmente ambicioso forjado na conjunção de Brasil, África e Oriente, como contraponto à hegemonia anglo-saxã, com "sua ênfase bárbara na tecnologia".[45]

A poesia e a prosa de Fernando Pessoa estão presentes em momentos nodais da obra de Caetano Veloso, desde a declamação do poema "D. Sebastião", do livro *Mensagem*, em "É proibido proibir", passando por "Os argonautas" ("Navegar é preciso, viver não é preciso"), até chegar em "Língua", toda ela uma elaboração da reflexão presente no *Livro do desassossego* ("minha pátria é a língua portuguesa"), postulando o desejo de um reino de fraternidade universal: "E eu não tenho pátria, tenho mátria e quero frátria".[46] Seria fácil associar esse sebastianismo do mar, de extração pessoana, no contexto brasileiro da segunda metade do século 20, a uma pulsão delirante de construção de um objeto futuro fantasiado como compensação de todos os fracassos históricos acumulados, assim como no caso português. Mas o crítico Haquira Osakabe chama a atenção, na leitura de *Mensagem*, para o fato de que, no livro de Pessoa, a arquitetura do futuro, como objeto, é indissociável da demanda, menos evidente, por um *sujeito* capaz de afirmá-lo.[47] "Faltaria à Pátria não apenas um Graal a ser buscado, mas um 'sujeito desejante'" capaz de assumi-lo e contê-lo. Assim, o "que mais aguça a expectação do poeta não é a ausência do objeto do desejo, mas sobretudo a ausência de um sujeito desse desejo", cuja tarefa de ser ele assume para si.

Quando canta afirmando veementemente que não vai deixar que essa força sinistra (o bolsonarismo, o lado brutal da nossa sociedade) diminua ou destrua a nossa história e a nossa vida, Caetano está se colocando clara e afirmativamente no lugar desse sujeito do desejo, que remonta à vontade poética de profecia redentora pessoana. Nesse sentido, é como se retomasse o lugar daquela já comentada formulação aparentemente egocêntrica e delirante: "o Brasil vai dar certo porque eu quero".[48] Ocorre que se, como vimos, aquela afirmação ainda se via tingida de um voluntarismo liberal, agora, em "Eu não vou deixar", esse eu fala em nome de um sujeito coletivo: a música popular brasileira, o samba, a voz do Brasil encarnada.

Ao se colocar no lugar desse sujeito desejante, o cancionista brasileiro, assim como fizera o poeta português, chama cada um de nós à ocupação de um trono vazio pela vontade de ser em plenitude: "em átomos, palavras, alma, cor, em gesto, em cheiro, em sombra, em luz, em som magnífico". Aliás, a canção "Um índio" é extremamente significativa, no arco dos tempos, como leitura cortante do destino do Brasil e do mundo. Composta nos anos 1970, ela se estrutura sob a profecia de um ser redentor que virá no futuro anunciado pelo sujeito que tem a visão ("Virá que eu vi!"). Um indígena originário da região hoje chamada Brasil, mas que, como vimos, também se mostra como um afro-norte-americano islamizado (Mohammed Ali), um sino-americano (Bruce Lee) e um afro-baiano indiano (Filhos de Gandhi).

Ser equívoco e multiétnico, que aparecerá no futuro imponderável, em chave mítica e enigmática, tal como já explicitado antes aqui, após o extermínio do seu povo, "mais avançado que a mais avançada das mais avançadas das tecnologias". E, ao se mostrar, surpreende a todos por sua obviedade antes invisível: não se trata de uma aparição mirífica, exótica e sobrenatural, mas de alguém que sempre esteve aqui, como um óbvio oculto. Ou seja: o futuro está aqui mesmo, eis a mensagem messiânica. Aqui: na dimensão dos *outros* todos que compõem um nós. Esses *outros* que não cessam de ser desaparecidos, assassinados. *Outros*, cuja presença resistente entre nós, e em nós, permite ainda, como nota Alexandre Nodari, que possamos *virar outros*,[49] e desse modo reorientar nossa história para direções mais generosas, originais e ambiciosas.

No programa musical televisivo *2022*, dirigido por Monique Gardenberg,[50] Caetano canta a canção ao lado do rapper indígena Owerá, que em seguida canta uma canção sua em guarani (Mbaraeté). A cena arrepia pela beleza e pelo efeito de explicitação de uma ideia. O indígena da canção está presente de corpo e alma, impávido. Não se trata de uma alegoria do Brasil, nem de um argumento antropológico. Pura presença do mistério de existir, de cantar e de resistir, afirmando: virá porque já é. Mas é preciso que alguém o diga, que alguém o cante, colocando-se como sujeito dessa enunciação ao afirmar que viu, para que então, finalmente, a visão se cumpra.

Agradecimentos

Dedico esse livro a meu pai, José Miguel Wisnik, que fez das canções de Caetano Veloso o meu alfabeto sonoro e afetivo. E, também, a minha tia Maria Guimarães Sampaio (*in memorian*), eterna guia para a "Cidade da Bahia" e para os compactos raros de Caetano: um milhão de carnavais guardados em suas estantes.

Agradeço muito especialmente aos meus editores Arthur Nestrovski, professor de harmonias e enarmonias, e Fernanda Diamant e Rita Mattar, pelo entusiasmo, parceria, e puxadas de orelha.

Agradeço a pessoas queridas que, por razões diversas, cruzaram e cruzam minha vida através de versos de Caetano:

Elaine: Muito momento que nasce, muito tempo que morreu, mas nada é igual a ela e eu
Martin: *Inmensa luna, cielo al revés*
Rodrigo: E quem não riu com a risada de Andy Warhol?
André: Ressuscita-me! Quero acabar de viver o que me cabe, minha vida
Agnaldo: Lindoneia, cor parda, frutas na feira

Fernanda: E a terra inspira e exala os seus azuis
Joana: Você é mãe do sol
Tati: A gente não sabe o lugar certo de colocar o desejo
Paola, Washington, Rafael, Silvana e Guilherme: Canto e danço que dará
Eucanaã: Meu grito lixa o céu seco
Chico: O sonho já tinha acabado quando eu vim, e cinzas de sonho desabam sobre mim
Cacá: *I'm ready to sing!*
Vadim: Eu trabalho o ano inteiro na estiva de São Paulo, só pra passar fevereiro em Santo Amaro
Silvana: Domingo no Porto da Barra todo mundo agarra mas não pode amar
Flo: Quem é ateu, e viu milagres como eu?
Tom: E hoje olha os mano...
Jorge: Feras lutam dentro da noite *normal*
Felipe: Quem vê assim pensa...
Ana: Mamãe eu quero ir a Cuba e quero voltar
Vini: Ele me deu um beijo na boca e me disse: a vida é oca como a touca de um bebê sem cabeça
Gustavo: Sertão de não terminar senão no coração
Marina: Não tenho a ver com um *mini* nada! Somos uma *maxi* ambição de futuro de Brasil e de mundo diferente!
Ronaldo: Que nuvem, se nem espaço há?
Camila: Se espalha no campo derrubando as cercas
Celso: Coragem grande é poder dizer: sim!
Fernanda: Um país mais que divino: masculino, feminino e plural
Joana: Teu corpo combina com meu jeito
Andrés: Pássaro pairando, pássaro momento
Thyago: Ninguém é comum, e eu sou ninguém

Nio: A força vem dessa pedra que canta Itapuã. Fala tupi, fala ioruba

Tuca: Mas retribuo a piscadela do garoto de frete do Trianon

Fernando: O analfomegabetismo somatopsicopneumático

João: Tava perguntado: eu sou neguinha?

Jana: E o que usaremos pra isso fica guardado em sigilo

Maria: E quem há de negar que esta lhe é superior?

Erecê: Eu quero pulgas mil na geral!

Manu: Mas na voz que canta tudo ainda arde

Arthur: Ser desafinados, ser desafinados, ser desafinados, ser

Camillo: Deus está solto! Deus está morto...

Viriato: Avisa lá que eu vou

Paulo: E por um momento haverá mais futuro do que jamais houve

Zé: Crianças cor de romã entram no vagão

Mike: E a gente canta o sol de todo dia

Laura: *If you feel the weight you'll never be late to understand*

Nícia: A vida tem uma dívida com a música perdida...

Daniela: O pé no céu, a mão no mar

Marina: Divina, ê! Diamantina presença

Iara: Ela veio, ela vem. Vem trazer encanto ao mundo

Marília: Mas e se o amor pra nós chegar de nós, de algum lugar, com todo o seu tenebroso esplendor?

Notas

APRESENTAÇÃO

1. Jonathan Blitzer, "The Caetano effect", *The New Yorker*, 14-21 fev. 2022.

ARESTAS INSUSPEITADAS: EXÍLIOS DENTRO E FORA DO PAÍS [PP. 15-39]

1. A canção, gravada por Roberto Carlos em 1971, foi composta após uma visita do "rei" a Caetano e Gil em seu exílio londrino, em 1969. Caetano, naquela ocasião, havia chorado muito ao ouvir Roberto cantar "Nas curvas da estrada de Santos", fato que o sensibilizou e provavelmente o levou a compor essa canção em sua homenagem. Essa história está contada no programa da TV Manchete feito em homenagem aos seus cinquenta anos, que foi resumido em *Circuladô vivo* (direção: José Henrique Fonseca e Walter Salles Jr., 1992).

2. Augusto de Campos, "A explosão de Alegria, alegria" (1967). In: Augusto de Campos, *Balanço da bossa e outras bossas*. 5. ed. São Paulo: Perspectiva, 2003, p. 153.

3. Cf. José Miguel Wisnik, "O som e a visibilidade". *Artéria*, Santos, n. 4, jun. 1992.

4. "Um espírito malicioso definiu a América como uma terra que passou da barbárie à decadência sem conhecer a civilização", escreve o antropólogo belga, estupefato diante do crescimento vertiginoso da cidade de São Paulo nos anos 1940 e 50. Claude Lévi-Strauss, *Tristes trópicos*. São Paulo: Companhia das Letras, 1996, p. 91.

5. Caetano Veloso, "Diferentemente dos americanos do Norte". In: Caetano Veloso, *O mundo não é chato*. Org. de Eucanaã Ferraz. São Paulo: Companhia

das Letras, 2005, p. 61. O texto é a transcrição de uma conferência proferida no Museu de Arte Moderna do Rio de Janeiro, em 26 de outubro de 1993, no evento Enciclopédia da Virada do Século/ Milênio.

6. Id., *Verdade tropical*. São Paulo: Companhia das Letras, 1997. É significativo que a partir desse momento Caetano tenha passado a declarar publicamente (em programas como *Ensaio*, na TV Cultura, e *Jô Onze e Meia*, no SBT), a razão que motivou sua prisão: a denúncia feita pelo jornalista Randal Juliano, baseada na história fantasiosa de que Caetano e Gil teriam, em um show, cantado o Hino Nacional enxertado de palavrões.

7. Id., "Carmen Miranda Dada". *New York Times*, 20 out. 1991. Republicado em *Folha de S.Paulo*, 22 out. 1991, e em *O mundo não é chato*, op. cit.

8. Cf. Caetano Veloso, *Verdade tropical*, op. cit., pp. 226-7.

9. No programa *Ensaio*, da TV Cultura (1992), Caetano conta que pouca gente conhecia a história real por trás da canção, e que, como aquele depoimento nunca havia sido ensaiado, mesmo os músicos da sua banda, que sempre gostaram da canção sem conhecer o seu elo vital com a história de Caetano, se viram surpreendidos no dia da estreia do show.

10. As referidas vozes "saídas de regiões não menos profundas do ser do Brasil" incluem certamente, além de Roberto Carlos, Jorge Ben Jor, cuja canção "Mano Caetano", gravada por Maria Bethânia em 1971, homenageia a sua iminente volta ao país.

11. Caetano Veloso, *Verdade tropical*, op. cit., p. 424.

12. Cf. *O Pasquim*, 8/14 jan. 1970. In: Caetano Veloso, em *Alegria, alegria*. Org. de Waly Salomão. Rio de Janeiro: Pedra Q Ronca, 1977, p. 52.

13. Caetano Veloso, "Verbo encantado" (mar. 1972). In: Caetano Veloso, *Alegria, alegria*, op. cit., p. 86.

14. Cf. "Quem é o Caretano (entrevista a Hamilton Almeida)". *Bondinho*, 31 mar./13 abr. 1972. In: Caetano Veloso, *Alegria, alegria*, op. cit., p. 105.

15. *O Pasquim*, 27 nov./2 dez. 1969. In: Caetano Veloso, *Alegria, alegria*, op. cit., pp. 47-8.

16. Ibid., p. 49; grifo meu.

17. Caetano Veloso, *Verdade tropical*, op. cit., p. 427.

18. Gilberto Gil, *Gilberto Gil: Todas as Letras*. Org. de Carlos Rennó. ed. rev. e ampl. São Paulo: Companhia das Letras, 2003, p. 110.

19. Cf. Caetano Veloso, *Verdade tropical*, op. cit., pp. 304-7 e 396-7.

20. *O Pasquim*, 8/14 jan. 1970. In: Caetano Veloso, *Alegria, alegria*, op. cit., p. 53. Nesse artigo, Caetano rebate as cartas de apoio que vinha recebendo, explicando enfaticamente: "Eu quis dizer que estava morto e não triste". Ibid., p. 51.

21. Ver "Quem é o Caretano" (1972). In: Caetano Veloso, *Alegria, alegria*, op. cit., p. 138.

22. Verso de "It's a Long Way". "The Long and Winding Road", por sua vez, é o título de uma canção dos Beatles, do álbum *Let It Be* (1970).

23. Cf. entrevista a Márcia Cezimbra, *Jornal do Brasil*, 16 maio 1991.

24. Cf. Augusto de Campos, "Balanço do balanço". In: Augusto de Campos, op. cit., p. 342.

25. Cf. Gilberto Gil, op. cit., p. 145.

26. *O Pasquim*, 21/27 out. 1970. In: Caetano Veloso, *Alegria, alegria*, op. cit., p. 77.

27. "O som dos 70". In: Caetano Veloso, *O mundo não é chato*, op. cit., p. 140.

28. *O Pasquim*, 26 fev./4 mar. 1970. In: Caetano Veloso, *Alegria, alegria*, op. cit., p. 56.

29. "Vou sonhando até explodir colorido/ No sol, nos cinco sentidos/ Nada no bolso ou nas mãos" ("Superbacana", 1967). Cf. Celso Favaretto, *Tropicália: Alegoria, alegria*. São Paulo: Ateliê Editorial, 1995.

30. *O Pasquim*, 26 fev./4 mar. 1970. In: Caetano Veloso, *Alegria, alegria*, op. cit., p. 57.

31. *O Pasquim*, 21/27 out. 1970. In: ibid., p. 78.

ACORDES DISSONANTES PELOS CINCO MIL ALTO-FALANTES: AO REDOR DO TROPICALISMO, 1962-68 [PP. 41-65]

1. O disco *Tropicália ou Panis Et Circensis*, que dá nome ao movimento, foi lançado em julho de 1968. Além dos artistas referidos, o disco tem arranjos de Rogério Duprat, Júlio Medaglia e Damiano Cozzella, e participação de Nara Leão.

2. Ver Flora Süssekind, "Coro, contrários, massa: a experiência tropicalista e o Brasil de fins dos anos 60". In: Carlos Basualdo (Org.), *Tropicália: Uma revolução na cultura brasileira, 1967-1972*. São Paulo: Cosac Naify, 2005, p. 32.

3. Zé Celso Martinez Corrêa, "Longe do Trópico Despótico" (1977). In: Zé Celso Martinez Corrêa. *Primeiro ato: Cadernos, depoimentos, entrevistas (1958-1974)*. Sel., org. e notas de Ana Helena Camargo de Staal. São Paulo: Ed. 34, 1998, p. 126.

4. Cf. Hélio Oiticica, "Brasil Diarreia". In: Hélio Oiticica, *Hélio Oiticica*. Rio de Janeiro: Centro de Arte Hélio Oiticica, 1996, p. 19.

5. Para uma discussão do termo "alegoria" aplicado à Tropicália, ver: Christopher Dunn, "Tropicália: modernidade, alegoria e contracultura". In: Carlos Basualdo (Org.), *Tropicália*, op. cit., pp. 66-70.

6. Cf. Roberto Schwarz, "Cultura e política, 1964-1969". In: Roberto Schwarz, *O pai de família e outros estudos*. São Paulo: Paz e Terra, 1992.

7. Ibid., p. 74.

8. Expressão criada por Décio Pignatari respondendo a Cassiano Ricardo, "um ex-modernista que chegara a colaborar" com os concretos, "mas agora dizia esperar que eles 'afrouxassem o arco'". Como descreve Caetano, Décio terminava o artigo insistindo que eles, "os concretos, manteriam 'o arco sempre teso' pois 'na geleia geral brasileira alguém tem de fazer o papel de medula & de osso'". Caetano Veloso, *Verdade tropical*. São Paulo: Companhia das Letras, 1997, p. 216.

9. Cf. Luiz Tatit, "A triagem e a mistura". In: Luiz Tatit, *O século da canção*. São Paulo: Ateliê Editorial, 2004, pp. 91-110.

10. Caetano Veloso, "Diferentemente dos americanos do Norte". In: Caetano Veloso, *O mundo não é chato*. Org. de Eucanaã Ferraz São Paulo: Companhia das Letras, 2005, p. 51.

11. Id., *Verdade tropical*, op. cit., p. 105.

12. Celso Favaretto, *Tropicália: Alegoria, alegria*. São Paulo: Ateliê Editorial, 1995, p. 56.

13. Adotou-se, nesse caso, uma divisão dos versos conforme o canto, e não segundo a métrica poética, como está em Caetano Veloso, *Letra só/ Sobre as letras*. Org. de Eucanaã Ferraz. São Paulo: Companhia das Letras, 2003.

14. Augusto de Campos, "Viva a Bahia-ia-ia". In: Augusto de Campos, *Balanço da bossa e outras bossas*. 5. ed. São Paulo: Perspectiva, 2003, p. 164.

15. Caetano Veloso, *Verdade tropical*, op. cit., pp. 50-1.

16. Contracapa do disco *Caetano Veloso* (1968).

17. Caetano Veloso, "Diferentemente dos americanos do Norte". In: Caetano Veloso, *O mundo não é chato*, op. cit., p. 50. Essa posição é coerente com o importante depoimento dado por Caetano ainda em 1965-6, de que "só a retomada da linha evolutiva" de João Gilberto "pode nos dar uma organicidade para selecionar e ter um julgamento de criação", *Revista Civilização Brasileira*, n. 7, maio 1966. E, em *Verdade tropical* (op. cit., p. 502), ele escreve: "Que minha música canhestra e errática seja por enquanto o livro que posso escrever sobre ele".

18. A frase de Bob Dylan é: "*My songs're written with the kettledrum in mind/ a touch of any anxious color. unmentionable. obvious. an' people perhaps like a soft brazilian singer... I have given up at making any attempt at perfection/...*".

19. Cf. Luiz Tatit, *O cancionista: Composição de canções no Brasil*. São Paulo: Edusp, 1995, p. 264.

20. Ver "MC Beijinho, do camburão ao milhão". TV Folha. Disponível em: <https://www.youtube.com/watch?v=5S1s_CZnEZs>. Acesso em: 14 jun. 2022.

21. Carlos Calado, *Tropicália: A história de uma revolução musical*. São Paulo: Ed. 34, 1997, p. 294.

22. Santuza Cambraia Naves, *Da Bossa Nova à Tropicália*. Rio de Janeiro: Jorge Zahar, 2001, p. 54.

23. Cf. Antonio Cicero, "O tropicalismo e a MPB". In: Antonio Cicero, *Finalidades sem fim: Ensaios sobre poesia e arte*. São Paulo: Companhia das Letras, 2005, pp. 54-72.

24. Cf. Caetano Veloso, *Verdade tropical*, op. cit., pp. 168-9.

25. Tales Ab'Sáber, *Ensaio, fragmento: 205 apontamentos de um ano*. São Paulo: Ed. 34, 2014, p. 39.

26. José Miguel Wisnik, "Algumas questões de música e política no Brasil" [1987]. In: José Miguel Wisnik, *Sem receita: Ensaios e canções*. São Paulo: Publifolha, 2004, p. 210.

27. Ibid., p. 209.

28. José Miguel Wisnik, "O minuto e o milênio — ou por favor, professor, uma década de cada vez": In: José Miguel Wisnik, *Sem receita*, op. cit., p. 181.

29. Zé Celso Martinez Corrêa, *Primeiro ato*, op. cit., p. 125.

30. Silviano Santiago, "Caetano Veloso enquanto superastro". In: Silviano Santiago, *Uma literatura nos trópicos: ensaios sobre dependência cultural*. Rio de Janeiro: Rocco, 2000 [1978], pp. 158-9.

31. Fernando Lobo, Coluna *Jornal dos esportes*, 15 ago. 1967. De olho na TV.

32. A *marcha alegre* "Alegria, alegria", como declara Caetano, foi decalcada na canção "A banda", de Chico Buarque, vencedora do II Festival da Record, em 1966. Cf. Caetano Veloso, *Verdade tropical*, op. cit., pp. 174-6. É possível cantar a letra de uma com a melodia da outra e vice-versa.

33. Cf. Mister Eco, "Coitadinho". *O Sol*, 11 dez. 1967.

34. Cf. Eli Halfoun, "Caetano: já é alegria demais". *Última Hora*, 2 dez. 1967. No entanto, apesar disso, o crítico considera "Alegria, alegria" uma música boa e em linha de continuidade com "Um dia", "Boa palavra", "De manhã" e "Remelexo". "É simplesmente uma marcha executada por guitarras, que estão na moda", pondera. E "ninguém há de desconhecer também que no Recife se faz carnaval na base da guitarra".

35. Luiz Tatit, *O século da canção*, op. cit., p. 206.

36. A apresentação musical e o discurso podem ser ouvidos no álbum *Cinema Olympia: Caetano Raro & Inédito 67-74*. Disponível em: <https://open.spotify.com/

track/4zTjoiwEMmgQICf4krcDMc?si=d34a4e8dg2f84020>. Acesso em: 14 jun. 2022.

37. Cf. Caetano Veloso, *Verdade tropical*, op. cit., p. 385.

38. Cf. Lygia Clark e Hélio Oiticica, *Cartas 1964-74*. Org. de Luciano Figueiredo. Rio de Janeiro: Ed. UFRJ, 1998, pp. 70-2.

TRANSA QUALQUER COISA JOIA, BICHO. MUITO CINEMA TRANSCENDENTAL: A PULSÃO DO DESEJO, 1969-83 [PP. 67-95]

1. O show teve três apresentações ao todo em 1969: duas no domingo (20 jul., de manhã e à noite), e uma na segunda-feira (21 jul., à noite). A chegada da Missão Apollo 11 à Lua ocorreu no dia 20, às 23h56 (horário de Brasília).

2. "Quem já esteve na lua viu/ Quem já esteve na rua também viu/ Quanto a mim, a isso e aquilo/ Eu estou muito tranquilo/ Pousado no meio do planeta/ Girando ao redor do sol" ("A voz do vivo", Caetano Veloso, gravada por Gil em *Gilberto Gil*, 1969).

3. Ver Antonio Risério, *Avant-Garde na Bahia*. São Paulo: Instituto Lina Bo e P. M. Bardi, 1995.

4. "Nas sacadas dos sobrados da velha São Salvador/ Da velha São Salvador/ Há lembranças de donzelas/ Do tempo do imperador/ Tudo isso na Bahia/ Faz a gente querer bem/ A Bahia tem um jeito/ Que nenhuma terra tem" ("Você já foi à Bahia?", Dorival Caymmi).

5. *Caetano Veloso* (1969), *Caetano Veloso* (1971), *Transa* (1972), *Barra 69* (1972, com Gil), *Caetano e Chico juntos e ao vivo* (1972, com Chico Buarque), *Araçá azul* (1973), *Temporada de verão* (1974, com Gil e Gal), *Qualquer coisa* (1975), *Joia* (1975), *Doces Bárbaros* (1976, com Gil, Gal e Bethânia), *Bicho* (1977), *Muitos carnavais...* (1977) e *Muito* (1978).

6. Carta a Luiz Carlos Maciel (set./out. 1969), em Luiz Carlos Maciel, *Geração em transe: Memórias do tempo do tropicalismo*. Rio de Janeiro: Nova Fronteira, 1996, p. 230.

7. "Nossa Carolina em Londres 70". In: Caetano Veloso, *O mundo não é chato*. Org. de Eucanaã Ferraz. São Paulo: Companhia das Letras, 2005, p. 124.

8. Duas canções de Gil, em particular, revelam essa passagem: "Cérebro eletrônico", composta na cadeia, e "Alfômega", gravada por Caetano em seu disco de 1969, feito na Bahia.

9. Caetano conta que ficou muito impressionado quando, aos seis ou sete anos de idade, ouviu de "minha Daia" (uma prima mais velha que morava em sua casa)

a seguinte definição: "Os existencialistas são filósofos que só fazem o que querem, fazendo tudo o que têm de fazer. Eu queria viver como eles, longe dessa vida tacanha de Santo Amaro". Caetano Veloso, *Verdade tropical*. São Paulo: Companhia das Letras, 1997, p. 24.

10. Maria Alice Milliet. *Lygia Clark: Obra-trajeto*. São Paulo: Edusp, 1992, p. 110.

11. Cf. "Onde medra a magia", depoimento a Luiz Tenório de Lima. In: Caetano Veloso, *Alegria, alegria*. Org. de Waly Salomão. Rio de Janeiro: Pedra Q Ronca, 1977, p. 211.

12. Referências a títulos de trabalhos de Hélio Oiticica, Lygia Clark e Lygia Pape.

13. Ver Cláudia Fares, *O arco da conversa: Um ensaio sobre a solidão*. Niterói: Casa Jorge Editorial, 1996, pp. 97-104.

14. "'Muito romântico' é uma espécie de resposta que eu dou. Eu disse para o Roberto Carlos — eu fiz essa canção para ele — eu disse: 'Roberto, essa é uma canção de protesto; um protesto nosso, dos românticos contra os realistas--racionalistas'." "Caetano muito romântico", *Movimento*, 28 ago. 1978.

15. "De Cae a Merquior, e Vice-Versa", *IstoÉ*, 24 mar. 1982.

16. Ver Luiz Tatit, *O cancionista: Composição de canções no Brasil*. São Paulo: Edusp, 1995, pp. 273-4.

17. José Miguel Wisnik, "O minuto e o milênio — ou por favor, professor, uma década de cada vez". In: José Miguel Wisnik, *Sem receita: Ensaios e canções*. São Paulo: Publifolha, 2004, p. 185.

18. Arthur Nestrovski, "O samba mais bonito do mundo". In: Lorenzo Mammì, Arthur Nestrovski e Luiz Tatit, *Três canções de Tom Jobim*. São Paulo: Cosac Naify, 2004, p. 37.

19. Lorenzo Mammì, "Canção do exílio". In: Lorenzo Mammì, Arthur Nestrovski e Luiz Tatit, *Três canções de Tom Jobim*, op. cit., p. 27.

20. A expressão foi criada por Millôr Fernandes, em artigos escritos em *O Pasquim* a partir de 1972, alguns meses após a volta de Caetano e Gil do exílio. Essa posição reflete um racha havido no grupo do semanário carioca, que culminou na saída de Tarso de Castro e Luiz Carlos Maciel. Cf. Luiz Carlos Maciel, *Geração em transe*, op. cit., pp. 240-1.

21. Publicado em *Ele & Ela*, n. 86, jun. 1976.

22. Caetano Veloso, "Diferentemente dos americanos do Norte". In: Caetano Veloso, *O mundo não é chato*, op. cit., p. 51.

23. José Miguel Wisnik, "Tudo de novo (As profecias dos Doces Bárbaros)", *Movimento*, n. 53, 5 jul. 1976. In: Antonio Risério (Org.), *Gilberto Gil: Expresso 2222*. São Paulo: Corrupio, 1982, p. 125.

24. Caetano Veloso, *Verdade tropical*, op. cit., p. 495.

25. Os artistas integraram a delegação brasileira que participou do Segundo Festival Mundial de Artes e Cultura Negra e Africana (Festac) em Lagos, Nigéria, entre janeiro e fevereiro de 1977.

26. Fred Coelho, "Odara ensina a viver entre monstros". *Jornal Literário da Companhia Editora de Pernambuco*, 21 fev. 2017. Disponível em: <http://www.suplementopernambuco.com.br/artigos/1804-odara-ensina-a-levar-a-vida-entre-monstros.html>. Acesso em: 14 jun. 2022.

27. Agradeço à pesquisadora Silvana Lins Olivieri por esses esclarecimentos.

28. Caetano Veloso, *Jornal do Brasil*, jul. 1977.

29. Em palestra acadêmica no âmbito do grupo de pesquisa "Cinco anos entre os bárbaros [1972-77]: cidade, canção, corpo", firmado por uma parceria entre a UFBA, a Uneb, a USP e a UFRJ.

30. Texto de apresentação do grupo de pesquisa "Cinco anos entre os bárbaros [1972-77]: cidade, canção, corpo". Coordenadores da pesquisa: Eucanaã Ferraz (PPGLEV/UFRJ), Guilherme Wisnik (FAU/USP), Paola Berenstein Jacques (PPG-AU/UFBA), Rafael Julião (PACC/UFRJ), Washington Drummond (Pós-Crítica/Uneb). Pesquisadores: Adele Belitardo, Davi Soares, Dilton Lopes, Eliana Barbosa, Eloisa Marçola, Guilherme Bertossilo, Karla Coutinho, Lucas Lago, Luisa Zucchi, Marcelise Assis, Marcos Britto, Rafaela Izelli, Silvana Olivieri e Stelio Marras. Disponível em: <http://www.desbunde.ufba.br/>. Acesso em: 14 jun. 2022.

31. Sílvio Lancellotti, "Um exercício de tolice e narcisismo", *Vogue*, ago. 1977.

32. Ver Luiz Carlos Maciel, "A doce invasão", *Ele & Ela*, nov. 1977; Glauber Rocha, "Baianices", *IstoÉ*, 27 jan. 1977; Gardênia Garcia, "Caetano, bravo, convida o povo a dançar", *IstoÉ*, 27 jul. 1977; e "Caetano desabafa: Sou da patrulha Odara. E daí?", entrevista a Reynivaldo de Brito, *A Tarde*, 2 mar. 1979.

33. "Caetano Veloso: 'Como você é burro, que coisa absurda'", 1978. TV Cultura. Disponível em: <https://www.youtube.com/watch?v=oj42NkX4QVo>. Acesso em: 14 jun. 2022.

34. "Foi o disco mais pichado pela crítica, o maior fracasso de vendas. E tem *Terra* e *Sampa*. Se existe essa fama de que eu brigo muito com a crítica, ela surgiu em *Muito*. Eu fiquei irado. Fazia nos shows comícios contra a crítica. Nem queria citar o nome dessas pessoas que não tem nada. Uma mistura de Sílvio Lancelotti com Maria Helena Dutra e mais aquele Geraldo Mayrink, que torciam para a pasteurização de Los Angeles, sentiram-se agredidos. O Geraldo Mayrink foi tão idiota, que escolheu dois versos pra provar que minha capacidade poética tinha se esgotado, um de *São João Xangô Menino*, que era uma citação de Luiz Gonzaga, outro de *Eu Te Amo*, que era de Ary Barroso. O disco não vendeu nada, uns 30 mil, numa época que Bethânia vendia 700 mil e Chico, 500 mil. O rádio nunca tocou e a PolyGram é cúmplice disso. Uma

canção como *Terra* nunca tocar no rádio? Os programadores de rádio são burros, reacionários e só servem ao que há de mais medíocre. Gente colonizada, pequena, merece ser humilhada. O brasileiro é merecedor dessa humilhação. Jamais perdoei. Diziam que a canção era longa, de sete minutos, e eu estou por aqui de ouvir uma porcaria de dez minutos do Dire Straits. O povo canta *Terra*. Eu ouvi no show da Praia de Botafogo 50 mil pessoas cantando a letra toda de *Terra*. É isto que me interessa. Se tem alguma coisa que vale no meu trabalho é por causa disso. Se não vendeu, o Brasil não presta. Se fico assim agora, imagine na época." Caetano Veloso, depoimento a Marcia Cezimbra. *Jornal do Brasil*, 16 maio 1991.

35. Cf. "Bondinho" (1972). In: Caetano Veloso, *Alegria, alegria*, op. cit., pp. 93-4.

36. Fred Coelho, "Odara ensina a viver entre monstros". *Jornal Literário da Companhia Editora de Pernambuco*, op. cit.

MINHA MÃE É MINHA VOZ: UM ARTISTA INTERNACIONAL, 1984-2005 [PP. 97-133]

1. Cf. Francisco Bosco, "Caetano Veloso: Apontamentos a passeio". *Terceira margem*, Rio de Janeiro, v. 8, n. 11, 2004.

2. Cf. Luiz Tatit, *O cancionista: Composição de canções no Brasil*. São Paulo: Edusp, 1995, pp. 266-73.

3. Ver Guilherme Wisnik, "O lugar das musas". *Serrote*, n. 39, nov. 2021, p. 161.

4. Ver David Calderoni, "O silêncio à luz de Caetano". In: David Calderoni, *O silêncio à luz: Ensaios para uma ciência do singular*. São Paulo: Via Lettera, 2006.

5. Caetano Veloso, *Verdade tropical*. São Paulo: Companhia das Letras, 1997, p. 320.

6. Ibid., p. 475.

7. "Minha mãe canta muito bem, sabe muitas músicas, e me ensinou e me despertou o interesse por coisas que tinham sido famosas mesmo antes de eu nascer, entende? Minha mãe ensinava, tinha discos velhos em casa, eu ouvia, ouvia o programa *A hora da saudade*." Caetano Veloso, "Quem é o Caretano (entrevista a Hamilton Almeida)", 1972, apud David Calderoni, *O silêncio à luz*, op. cit., p. 55.

8. David Calderoni, *O silêncio à luz*, op. cit., p. 56.

9. Em "Motriz" (1983), feita para Maria Bethânia, a voz da irmã e a sua se tecem na voz da mãe, na imagem de uma gênesis que se cumpre na travessia, de trem, de Santo Amaro a Salvador: "Embaixo, a terra; em cima, o macho céu/ E, entre os dois, a ideia de um sinal/ Traçado em luz/ Em tudo, a voz de minha mãe.../ E a

minha voz na dela.../ E a tarde dói.../ Que tarde que atravessa o corredor!/ Que paz!/ Que luz que faz!/ Que voz... que dor.../ Que doce amargo cada vez que o vento traz/ A nossa voz que chama/ Verde do canavial/ Canavial.../ E nós, mãe: Candeias, Motriz!// Aquilo que eu não fiz e tanto quis/ É tudo que eu não sei mas a voz diz/ E que me faz, e traz, capaz de ser feliz/ Pelo céu, pela terra/ E a tarde igual/ Pelo sinal/ Pelo sinal/ E a Penha — Matriz!/ Motriz.../ Motriz...". Motriz é o nome do trem movido a óleo diesel que ligava Santo Amaro e outras cidades do recôncavo à capital baiana, em substituição à antiga "Maria Fumaça". Essa canção, gravada por Maria Bethânia em *Ciclo* (1983), parece ecoar a "Evocação do Recife", de Manuel Bandeira, na pontuação reticente da memória, e no lastro recorrente de algumas imagens ("Capiberibe/ — Capibaribe") a modo de refrão.

10. Caetano Veloso, *Verdade tropical*, op. cit., pp. 408-9.

11. "Amo a palavra CIDADE. Amo cidades. Me sinto um ser urbano." Caetano Veloso, *Letra só/ Sobre as letras*. Org. de Eucanaã Ferraz. São Paulo: Companhia das Letras, 2003, p. 18.

12. Mabel Velloso, *Caetano Veloso*. São Paulo: Moderna, 2002, p. 8.

13. Caetano Veloso, depoimento em *Mapas urbanos* (direção: Daniel Augusto, 1998).

14. José Miguel Wisnik, Guilherme Wisnik e Vadim Nikitin, "Pólis cósmica e caótica — Cosmopolitismo em Caetano Veloso". *Caramelo*, FAU-USP, n. 7, 1994, p. 79. Esse texto é a referência base para uma série de considerações feitas neste capítulo.

15. Caetano conta que, certa vez, ao surpreender um açougueiro da cidade — um mestiço atarracado e ignorante chamado seu Agnelo Rato Grosso —, chorando à saída de *I Vitelloni*, de Fellini, este justificou-se dizendo: "Esse filme é a vida da gente!". Caetano Veloso, *Verdade tropical*, op. cit., pp. 31-2.

16. *Fina estampa*, por exemplo, resultou de uma decisão de Caetano de aceitar a solicitação da gravadora de fazer um disco para o mercado latino-americano, mas, ao mesmo tempo, invertendo a encomenda: em vez de traduzir suas canções para o castelhano, fazer uma leitura pessoal do repertório que lhe era caro afetivamente. No caso do show em homenagem a Fellini e Giulietta Masina, ele diz o seguinte: "era preciso por tudo na perspectiva de minha meninice em Santo Amaro, onde eu vi os filmes de Fellini pela primeira vez e de onde me vem esse sentimento de recuperação metafísica do tempo perdido que é semelhante ao sentimento que percebo nesses filmes". Encarte do disco *Omaggio a Federico e Giulietta* (1999).

17. Caetano Veloso, *Verdade tropical*, op. cit., p. 505.

18. Como Rita Lee, nominalmente citada, Augusto e Haroldo de Campos ("Eu vejo surgir teus poetas de campos e espaços"), o Teatro Oficina ("Tuas Oficinas

de florestas"), Jorge Mautner ("Teus deuses da chuva") e José Agrippino de Paula ("Pan-Américas de Áfricas utópicas"), homenageados em "Sampa", além de Paulo Vanzolini, cuja canção "Ronda" é diretamente citada, em melodia e harmonia, no final de "Sampa".

19. Stélio Marras, "Caetano Veloso pensador do Brasil". *Sexta Feira 2*. São Paulo: Pletora, 1998, p. 47.

20. Caetano, diferentemente de Gil, manteve durante muito tempo (até o disco *Uns*, 1983) uma atitude de "resistência contra a produção padronizada de gosto internacional" representada na figura do produtor, visando preservar o experimentalismo dos arranjos. Postura que se refletiu, por exemplo, em duras críticas ao que lhe parecia um "popismo fácil" no disco *Realce* (1979), de Gil. Cf. *Tropicália 2* (texto de divulgação do disco, 1993).

21. Ver Arnaldo Cohen et al., *Ilha deserta: Discos*. São Paulo: Publifolha, 2003, p. 129.

22. Em 2001, em sua coluna no *Jornal do Brasil*, Dora Kramer citava uma frase de Caetano em entrevista que parecia dizer que ele, Caetano, era mais politizado do que Chico Buarque. Ao que Caetano, em resposta, escreveu uma carta, esclarecendo seu ponto de vista sobre o assunto: "O que eu quis salientar foi que, em gritante contraste com o meu próprio estilo, o Chico não exibe o processo de elaboração de seu pensamento político; ele apenas apresenta gestos pontuais nítidos resultantes das conclusões a que chegou. E que nele está amadurecida a ideia de não poder contribuir atuando como um arremedo de cientista político". Caetano Veloso, "Carta a Dora Kramer". In: Caetano Veloso, *O mundo não é chato*. Org. de Eucanaã Ferraz. São Paulo: Companhia das Letras, 2005, p. 20.

23. Caetano Veloso, "Diferentemente dos americanos do Norte". In: Caetano Veloso, *O mundo não é chato*, op. cit., p. 66.

24. "Caetas, o estrangeiro", entrevista a Geneton Moraes Nero, especial para o *Jornal do Brasil*, republicada em *Revista do Jornal da Bahia*, maio 1989, p. 7. "A verdade é que sinto falta de Glauber. Tenho a impressão de que ele jamais apoiaria Tancredo Neves para presidente da República. E Tancredo foi um péssimo presidente, porque armou um ministério horrível, aquele vice horrível e morreu antes da posse. O pior presidente que a gente podia imaginar!". Ibid.

25. Cf. Caetano Veloso, "Fora de toda lógica", *Folha de S.Paulo*, 2 mar. 1986.

26. Essa revolta aparece em nada menos do que quatro canções suas: "Podres poderes" (1984), "Vamo comer" (1987), "Neide Candolina" (1991) e "Haiti" (1993). Raciocínio semelhante pode ser encontrado e fundamentado em um texto de Antonio Cicero que aborda o problema filosófico do trânsito no Brasil. Para Cicero, a impunidade no trânsito é sintoma da incapacidade de autonomia da sociedade brasileira. Contudo, apesar de constituir um fenômeno da ordem do efeito, ele considera que a "instauração efetiva do princípio formal do direito,

ainda que 'apenas' no plano do trânsito, seria um progresso mais real e de maior consequência do que qualquer desenvolvimento que pudesse ser representado pelas variações dos índices econômicos". "O trânsito no Brasil". In: Antonio Cicero, *O mundo desde o fim*. Rio de Janeiro: Francisco Alves, 1995, p. 210.

27. Ver, por exemplo, o filme-documentário *Chico ou o país da delicadeza perdida* (direção: Walter Salles Jr., 1990).

28. Entrevista a Tarso de Castro, *O Nacional*, abr. 1987. Essa posição tem grandes semelhanças com o diagnóstico feito por Sérgio Buarque de Hollanda em *Raízes do Brasil*, sobretudo no capítulo final: "Nossa revolução". Consciência que também aparece na autoironia de "Vai passar", de Chico Buarque, ao relativizar a própria euforia descrevendo a "evolução da liberdade" como uma "alegria fugaz", uma "ofegante epidemia", isto é: carnaval. Cf. Fernando de Barros e Silva, *Chico Buarque*. São Paulo: Publifolha, 2004, p. 92. (Folha Explica).

29. Ver revista *Caras*, n. 145, ago. 1996: "Caetano e Paula na intimidade de sua casa — o casal abre pela primeira vez seu lar em Salvador, à beira-mar".

30. No programa *Roda Viva* com Caetano Veloso, em 1996, o jornalista Marcos Augusto Gonçalves manifestou claramente esse desconforto em relação à matéria na revista *Caras*. O entrevero público entre Caetano e o rapper Marcelo D2, nos bastidores do *Vídeo Music Brasil* da MTV, em 2000, pode ser tomado como um dos exemplos de antipatia explícita em relação ao artista baiano.

31. Em reação às críticas de Lobão ao show de Sandy e Júnior em 2001. Ver "Um tapinha não dói", entrevista a Caetano Veloso e Lobão. *Trip*, n. 91, jul. 2001.

32. Nuno Ramos, "Ao redor de Paulinho da Viola". *O Estado de S. Paulo*, 15 maio 2005.

33. *Bondinho*. In: Caetano Veloso, *Alegria, alegria*, op. cit., pp. 107-9.

34. Jonathan Blitzer, "The Caetano effect". *The New Yorker*, 14/21 fev. 2022.

35. Outros discos, por exemplo, foram feitos em parceria (com Gilberto Gil e Jorge Mautner), ou são trilhas para filmes, espetáculos de dança e gravações ao vivo de shows, ou, ainda, seleções de músicas do cancioneiro internacional, como explicamos há pouco.

36. Um ótimo esquadrinhamento do livro, com discussão de seus argumentos e contexto, foi feito por Rafael Julião, *Infinitivamente pessoal: Caetano Veloso e sua verdade tropical*. Rio de Janeiro: Batel, 2017.

37. "O tempo e o artista", entrevista de Chico Buarque a Fernando de Barros e Silva. *Folha de S.Paulo*, dez. 2004. Caderno Ilustrada.

38. Caetano Veloso, "Diferentemente dos americanos do Norte". In: Caetano Veloso, *O mundo não é chato*, op. cit., pp. 50-1.

39. Francisco Bosco, *A vítima tem sempre razão? Lutas identitárias e o novo espaço público brasileiro*. São Paulo: Todavia, 2017, p. 49.

40. Exilado durante o regime salazarista, Agostinho da Silva adotou o Brasil como campo de sua militância pedagógica e profética no final dos anos 1950 e início dos 1960. Participou da criação da Universidade da Paraíba, dirigiu o Centro de Estudos Afro-Orientais da Universidade Federal da Bahia (onde exerceu influência e fez-se conhecido de artistas então em formação, como o próprio Caetano Veloso) e do Centro Brasileiro de Estudos Portugueses na Universidade de Brasília. O golpe militar de 1964 tirou-lhe o chão e acabou por fazê-lo voltar para Portugal.

41. Caetano Veloso, *Verdade tropical*, op. cit., p. 497.

42. Id., "Diferentemente dos americanos do Norte". In: Caetano Veloso, *O mundo não é chato*, op. cit., p. 59.

43. Id., *Verdade tropical*, op. cit., p. 501.

44. Kofi Annan (1938-2018), diplomata ganês, vencedor do Prêmio Nobel da Paz em 2001, foi secretário-geral da ONU entre 1997 e 2006.

45. Gilberto Gil & Kofi Annan. Disponível em: <https://www.youtube.com/watch?v=CkravaY2JGQ>. Acesso em: 14 jun. 2022.

46. Darcy Ribeiro, apud Antonio Risério, *Avant-Garde na Bahia*. São Paulo: Instituto Lina Bo e P. M. Bardi, 1995, p. 121.

47. "O sertanejo é, antes de tudo, um forte. Não tem o raquitismo exaustivo dos mestiços neurastênicos do litoral". Euclides da Cunha, *Os sertões*. São Paulo: Ubu/Edições Sesc, 2016, p. 115.

48. Antonio Risério em orelha ao livro *O Brasil inevitável: ética, mestiçagem e borogodó*, de Mércio Gomes (Rio de Janeiro: Topbooks, 2019).

49. "Mesa 8: Transições, com Caetano Veloso e Paul B. Preciado". Flip — Festa Literária Internacional de Paraty, 2020, 18. ed. Disponível em: <https://www.youtube.com/watch?v=MxVB_lbOu8U>. Acesso em: 14 jun. 2022.

50. Eduardo Giannetti, *Trópicos utópicos: Uma perspectiva brasileira da crise civilizatória*. São Paulo: Companhia das Letras, 2016, p. 172. Importante frisar que tanto Giannetti, aqui citado, quanto Caetano concordam em grande medida, nesse aspecto, com os argumentos de Antonio Risério em *A utopia brasileira e os movimentos negros* (São Paulo: Ed. 34, 2012). Sobre essa discussão, ver também Hermano Vianna, "Mestiçagem fora de lugar". *Folha de S.Paulo*, 27 jun. 2004. Caderno +Mais! Disponível em: <https://www1.folha.uol.com.br/fsp/mais/fs2706200404.htm>. Acesso em: 14 jun. 2022.

51. Ver Petrônio Domingues, "Movimento negro brasileiro: Alguns apontamentos históricos", *Tempo v. 12*, 2007, pp. 114-5.

52. Em "Um tapinha não dói", entrevista a Caetano Veloso e Lobão. *Trip*, n. 91, jul. 2001.

CARETA, QUEM É VOCÊ?: A POTÊNCIA DO BRASIL, 2006-22 [PP. 135-75]

1. A canção se apresenta como rock na versão original, gravada por Gal Costa em 1984. Já na gravação de Caetano, em 1986, só com voz e violão, ela tem uma síncope dramática, mais próxima do tango.

2. Caetano Veloso, *Letra só/ Sobre as letras*. Org. de Eucanaã Ferraz. São Paulo: Companhia das Letras, 2003, p. 63.

3. Ver Caetano Veloso, *Verdade tropical*. São Paulo: Companhia das Letras, 1997, p. 51.

4. Ver Zé Celso Martinez Corrêa, *Primeiro ato: Cadernos, depoimentos, entrevistas (1958-1974)*. São Paulo: Ed. 34, 1998, p. 127; e João Camillo Penna, *O tropo tropicalista*. Rio de Janeiro: Circuito Azougue, 2017, p. 96.

5. Os ensaios abertos semanais foram fundamentais para montar o conceito e o repertório do disco. Em paralelo, com a parceria de Hermano Vianna, cria um blog também chamado de *Obra em progresso*, usado como um amplo espaço de interação entre os músicos e o público, fazendo de *Zii & Zie* o resultado de um processo em grande medida interativo e aberto. Uma seleção de postagens do blog se encontra disponível em: <https://caetanoefoda.blogspot.com/p/blog-obra-em-progresso.html>. Acesso em: 14 jun. 2022.

6. Ver Pedro Bustamante Teixeira, *TransCaetano: Trilogia Cê mais Recanto*. São Paulo: Fonte Editorial, 2017, p. 28.

7. Caetano Veloso, no encarte do disco *Cê ao vivo* (2007).

8. "A síntese do samba da guitarra de Pedro Sá é a grande motivação para que Caetano, apesar de estar acompanhado por uma banda de rock, passe a incluir sambas em seus shows com a BandaCê." Pedro Bustamante Teixeira, op. cit., p. 42.

9. Paulo Roberto Pires, "Duas ou três coisas que *Cê* i dele". *No.Mínimo*, 15 set. 2006.

10. Caetano Veloso, release do disco *Noites do Norte* (2000), disponível em: <http://caetanocompleto.blogspot.com/search/label/2000>. Acesso em: 14 jun. 2022.

11. "O Lobão representa um ponto na geração dele — o ponto em que isso aparece como problema. Porque ele é da geração do rock dos anos 1980, mas é o único que a problematizou. Ele foi a crise permanente dessa geração. Então, no 'Lobo bolo', o bolo da geração 1980 é representado pelo Lobo. Eu não poderia

perder, sou um poeta. Isso é coisa de poeta". "Um tapinha não dói, entrevista a Caetano Veloso e Lobão. *Trip*, n. 91, jul. 2001.

12. Encontro essa ideia nos comentários de Eucanaã Ferraz ao texto "Transambas", de Fred Coelho, no blog *Objeto sim objeto não*. Disponível em: <http://objetosimobjetonao.blogspot.com/2009/04/transambas.html>. Acesso em: 14 jun. 2022.

13. Pedro Duarte de Andrade, "O Brasil tropicalista meio século depois, por Caetano Veloso". In: Eduardo Aníbal Pellejero et al. (Orgs.). *Estética*. São Paulo: Anpof, 2019, p. 158.

14. Caetano Veloso em entrevista a Sônia Racy. *O Estado de S. Paulo*, 5 nov. 2009. Caderno 2.

15. "Dona Canô vai pedir desculpas a Lula após Caetano chamá-lo de analfabeto", *Uol Notícias*, 16 nov. 2009. Disponível em: <https://noticias.uol.com.br/politica/2009/11/16/ult5773u2980.jhtm>. Acesso em: 14 jun. 2022.

16. "Perdeu-se. Perverteu-se. Não há drama, tragédia, mas há um fim. É como se o século 20 tivesse espiritualmente findando." Pedro Duarte de Andrade, "O Brasil tropicalista meio século depois, por Caetano Veloso". In: Eduardo Aníbal Pellejero et al (Orgs.), op. cit., p. 159.

17. Caetano Veloso, *Verdade tropical*, op. cit., pp. 104-5.

18. Ibid., p. 116.

19. Roberto Schwarz, "Verdade tropical: Um percurso de nosso tempo". In: Roberto Schwarz, *Martinha versus Lucrécia: Ensaios e entrevistas*. São Paulo: Companhia das Letras, 2012, p. 89.

20. João Camillo Penna, *O tropo tropicalista*. Rio de Janeiro: Circuito Azougue, 2017, p. 164.

21. "O que se instalava, a despeito do alarido carnavalesco, era a estática, ou, noutras palavras, uma instância literal de revolução conservadora." Roberto Schwarz, *Martinha versus Lucrécia*, op. cit., p. 98.

22. Ibid., p. 110.

23. Ibid., pp. 103-4.

24. Ibid., p. 57.

25. "Mesa 8: Transições, com Caetano Veloso e Paul B. Preciado". Flip — Festa Literária Internacional de Paraty, 2020, 18. ed. Disponível em: <https://www.youtube.com/watch?v=MxVB_IbOu8U>. Acesso em: 14 jun. 2022.

26. João Camillo Penna, op. cit., p. 89.

27. Caetano Veloso, *Verdade tropical*, op. cit., p. 256.

28. Id., "Diferentemente dos americanos do Norte". In: Caetano Veloso, *O mundo não é chato*. Org. de Eucanaã Ferraz São Paulo: Companhia das Letras, 2005, p. 51.

29. Ibid.

30. Caetano Veloso, *Verdade tropical*, op. cit., p. 50; grifo meu.

31. Ibid., pp. 50-1.

32. Referindo-se à análise que Roberto Schwarz faz de Caetano, Alexandre Nodari observa: "me parece que aquilo que o choca em Caetano é a descoberta deste de que o povo é equívoco, não determinado, mas — múltipla e diferencialmente — sobredeterminado, ou seja, que por trás do coletivo — povo —, há gente, uma gente, muita gente, a gente, atravessada por correntes contraditórias — múltiplas — de determinação, que cada um agencia e individua". Alexandre Nodari, "Virar o virá: Virá o virar". In: João Camillo Penna, op. cit., p. 17.

33. Ver Domenico Losurdo, *Contra-história do liberalismo*. São Paulo: Ideias & Letras, 2006, p. 27.

34. Jones Manoel, "A luta de classes pela memória: Raça, classe e Revolução Africana". In: Jones Manoel e Gabriel Landi (Orgs.). *Revolução africana: Uma antologia do pensamento marxista*. São Paulo: Autonomia Literária, 2019, p. 21.

35. Ver "Caetano entrevista Jones Manoel". *Mídia Ninja*, 2020. Disponível em: <https://www.youtube.com/watch?v=afrQvy2Y7ls>. Acesso em: 14 jun. 2022.

36. Ver Roberto Schwarz, "As ideias fora do lugar". In: Roberto Schwarz, *Ao vencedor as batatas*. São Paulo: Duas Cidades, 1992.

37. Jones Manoel, "A luta de classes pela memória: raça, classe e Revolução Africana". In: Jones Manoel e Gabriel Landi (Orgs.). *Revolução africana*, op. cit., p. 16.

38. Acauam Oliveira, "O narciso tropical que se vê no mundo que exprime". *IHU on-line: Revista do Instituto Humanitas Unisinos*, n. 549, ago. 2021. Disponível em: <https://www.ihuonline.unisinos.br/artigo/7781-o-narciso-tropical-que-se-ve-no-mundo-que-exprime>. Acesso em: 14 jun. 2022.

39. Ver Vladimir Safatle, "Bem-vindo ao estado suicidário". Disponível em: <https://www.n-1edicoes.org/textos/23>. Acesso em: 14 jun. 2022.

40. Ver sua entrevista para a *Revista da MTV*, n. 55, dez. 2005. Disponível em: <https://caetanoendetalhe.blogspot.com/2017/09/2005-o-brasil-vai-dar-certo-porque-eu.html>. Acesso em: 14 jun. 2022.

41. Ver Nuno Ramos. "O baile da ilha fiscal". *Folha de S.Paulo*, pp. 14-5, 3 maio 2020. Disponível em: <https://www1.folha.uol.com.br/ilustrissima/2020/05/brasil-enfrenta-duplo-apocalipse-com-bolsonaro-e-coronavirus-reflete-nuno-ramos.shtml?origin=folha>. Acesso em: 14 jun. 2022.

42. Entrevista ao podcast *A Malu tá on*, episódio #23, out. 2021. Disponível em: <https://open.spotify.com/episode/7D6UWP7jen5MDXEWUlmX9c?si=rRtgfNvRSkeBPO1Xwy-5aA>. Acesso em: 14 jun. 2022.

43. O filme se baseia em um capítulo homônimo do livro *Verdade tropical*, lançado também como livro avulso em 2020 pela Companhia das Letras.

44. Eduardo Giannetti, *Trópicos utópicos: Uma perspectiva brasileira da crise civilizatória*. São Paulo: Companhia das Letras, 2016, pp. 172-3.

45. Caetano Veloso, "Diferentemente dos americanos do Norte". In: Caetano Veloso, *O mundo não é chato*, op. cit., p. 67.

46. Esse tema foi desenvolvido por José Miguel Wisnik, "Fernando Pessoa e a canção brasileira". In: Cláudia Neiva Matos, Fernanda Teixeira de Medeiros e Leonardo Davino de Oliveira (Orgs.). *Palavra cantada — Estudos transdisciplinares*. Rio de Janeiro: EduERJ, 2014, pp. 175-86.

47. Haquira Osakabe, "Fernando Pessoa e a tradição do Graal". *Remate de Males*, Campinas, n. 8, 1988, pp. 95-103.

48. Ideia que ecoa sua resposta infantil ao medo que Maria Bethânia sentia de Deus, dizendo-lhe que não precisava temer, porque "Deus sou eu". Ver o depoimento de ambos no filme-documentário *Fevereiros* (2019, Globo Filmes), dirigido por Márcio Debellian.

49. Alexandre Nodari, "Virar o virá: Virá o virar". In: João Camillo Penna, op. cit., p. 19.

50. Programa feito para a HBO Max como uma reflexão sobre o Brasil no contexto do centenário da Semana de Arte Moderna. Com curadoria de Monique Gardenberg, Hermano Vianna e Lourenço Rebetez.

Índice remissivo

2022 (programa de TV), 174
342 Artes, movimento, 167

Ab'Sáber, Tales, 57
Abraçaço (álbum, 2012), 142, 150-1
"Águas de março" (Tom Jobim), 81
Albuquerque, Moacyr, 34
"Alegria, alegria", 19, 26, 43, 60-1, 109; arranjo de, 56; comparação com "O estrangeiro", 21
"Alegria" (Assis Valente e Durval Maia), 79
Almeida Júnior, Gutemberg Nader de, 117
Almeida, Aracy de, 7
Almeida, Neville de, 89
Almodóvar, Pedro, 121
"Amanhã" (Guilherme Arantes), 54
Ambitious Lovers, 18
Amma, Marcos, 70-1
Andrade, Oswald de, 43, 46, 54, 161
Anitta, 7, 54
Annan, Kofi, 127
Antônio Cícero, 56
Antunes, Arnaldo, 168
"Apesar de você" (Chico Buarque), 171
"Aquele abraço" (Gilberto Gil), 30, 149
"Aqui e agora" (Gilberto Gil), 76
Ar e pedra (obra de Lygia Clark), 74-5
Araçá azul (álbum, 1973), 55, 74
Artaud, Antonin, 141, 159
"Asa branca" (Luiz Gonzaga e Humberto Teixeira), 35-6, 63
"Assum preto" (Luiz Gonzaga e Humberto Teixeira), 36, 170
Ato pela Terra (2022), 8, 167, 171
axé music, 132
Azulay, Jom Tob, 84

Bacantes (peça), 112
Baker, Ginger, 39
Banda Nova, 113
Bardi, Lina Bo, 127, 159
Barra 69 (*álbum* e show com Gilberto Gil,1969), 65
Barravento (filme), 154
Barros e Silva, Fernando, 122
Barroso, Ary, 94
Bausch, Pina, 121
Beat Boys, 60
Beatles, 37, 99
Beggar's Banquet (álbum dos Rolling Stones), 38
Ben Jor, Jorge, 8, 23, 24, 76, 85

Bertissolo, Guilherme, 91
Bial, Pedro, 163, 171
Bicho (álbum, 1977), 87, 95
"O bicho" (poema de Manuel Bandeira), 148
Bicho Baile Show (1978), 94
"Black or White" (Michael Jackson), 26
Black Panthers, 95
"Blues" (Péricles Cavalcanti), 72
Boal, Augusto, 59
Bolão (percussionista), 70
Bolsonaro, Jair, 116, 162, 168
Bonde do Tigrão, 54
Bondinho, 120
Boni, Regina, 61
Bosco, Francisco, 123
bossa nova, 122, 124, 151
Braga, Sônia, 89
Brandão, Arnaldo, 70
Brandão, Rodolfo, 70
Brasil atual, conservadorismo explícito no, 138
Brasil inevitável, O (Gomes), 129
"Brasil" (Cazuza), 138
Bringing It All Back Home (álbum de Bob Dylan), 53
Brizola, Leonel, 150
Brown, Carlinhos, 132
Bruce, Jack, 39
Buarque, Chico, 60, 76, 79, 81, 82, 86, 102, 114, 116, 122-3, 145, 148, 169, 170
"Burn It Blue" (Elliot Goldenthal), 120
Bush, George H. W., 22
"Bye bye Brasil" (Chico Buarque e Roberto Menescal), 149
Byrne, David, 121

Caeiro, Alberto, 108
Caetano Veloso (álbum, 1971), 35, 145
"Caetano Veloso" (Johnny Hooker), 8
Calado, Carlos, 55

Calcanhotto, Adriana, 8
Calderoni, David, 103-4
Calil, Ricardo, 170
Callado, Marcelo, 142
"Cambalache" (Enrique S. Discépolo), 95
Camões, Luís de, 54
Campos, Augusto de, 19, 35, 49, 54
Campos, Haroldo de, 26, 54, 110
Cantuária, Vinícius, 71
Capinan, José Carlos, 43
Caras (revista), 118
"caravanas, As" (Chico Buarque), 148, 169
"Carcará" (João do Vale), 59
Cardoso, Fernando Henrique, 118, 150
"Carolina" (Chico Buarque), 55
Casé, Regina, 89
Castro Alves, 54, 128
Cavalcanti, Péricles, 72
Caymmi, Dorival, 72
Cazuza, 114
Cê (álbum, 2006), 121, 142, 144
Chacrinha, 64, 109
Chega de saudade (álbum de João Gilberto), 108
"Chega de saudade" (Tom Jobim e Vinícius de Moraes), 26, 52
"Choro bandido" (Edu Lobo e Chico Buarque), 102
"Chuck Berry Fields Forever" (Gilberto Gil), 84, 95
Cinema Novo, 44, 50
"Cinema novo" (Caetano Veloso e Gilberto Gil), 50
Circuladô (álbum, 1991), 18, 22, 120-1
Circuladô (show, 1992), 10, 17, 24-5, 157
Clapton, Eric, 39
Clark, Lygia, 55, 63-4, 74, 76
Coelho, Fred, 91, 95
"Colégio de aplicação" (Novos Baianos), 85

"Come tu mi vuoi" (Nino Rota), 103
Contra-história do liberalismo (Losurdo), 164
Conversa com Bial (programa de TV), 163
"Coração de estudante" (Milton Nascimento e Wagner Tiso), 114
"Coração materno" (Vicente Celestino), 35, 55
Cores, nomes (álbum, 1982), 54
Costa, Gal, 43, 59, 84, 125, 137, 140, 147
Costa, Marcelo, 113
Costa, Toni, 113
Cozzella, Damiano, 55
Cream, 39
crise da canção, anos 2000, 122, 124
Cristaldi, Ricardo, 113
"Cucurrucucú Paloma" (Tomás Méndez), 121
Cunha, Euclides da, 129

"D. Sebastião" (poema de Fernando Pessoa), 62, 173
dama do lotação, A (filme), 89
"Debaixo dos caracóis dos seus cabelos" (Roberto Carlos e Erasmo Carlos), 8, 17, 26-8
Dedé Mamata (filme), 141
Dias Gomes, Ricardo, 142
Didá Banda Feminina, 127
Diegues, Cacá, 127
"Diferentemente dos americanos do Norte" (conferência no MAM, 1993), 25, 85, 124
"Disseram que eu voltei americanizada" (Vicente Paiva e Luiz Peixoto), 26
Divino, Maravilhoso (programa de TV), 62
Djavan, 8, 76, 145
Doces Bárbaros (álbum, com Gal Costa, Gilberto Gil e Maria Bethânia, 1976), 26, 85-6, 94
Doces Bárbaros (show com Gal Costa, Gilberto Gil e Maria Bethânia, 1976), 84
Doces Bárbaros (documentário), 84
Domingo (álbum, com Gal Costa, 1967), 35
"Domingo no parque" (Gilberto Gil), 43
Dona Canô, 151
Downs, Lila, 120
Duarte de Andrade, Pedro, 149, 152
Duarte, Regina, 150
Duprat, Rogério, 55
Dylan, Bob, 53, 99
Dzi Croquettes, 93

"Ela" (Gilberto Gil), 102
"Ele e eu" (Gilberto Gil), 8
Elis Regina, 49
Elito, Edson, 159
Erasmo Carlos, 8, 73
Esta noite se improvisa (programa de TV), 60
Estrangeiro (álbum, 1989), 10, 18, 25, 148
"estrangeiro, O", 18-21, 28, 53, 138, 161; comparação com "Alegria, alegria", 21; letra premonitória de, 19-21
estrangeiro, O (Camus), 169
"Estranha forma de vida" (Amália Rodrigues), 36
Eu não peço desculpa (álbum, com Jorge Mautner, 2001), 143
"Eu sei que vou te amar" (Tom Jobim e Vinícius de Moraes), 88

Fale com ela (filme), 121
Fares, Cláudia, 77
Fa-Tal (show de Gal Costa), 137
Fatos & Fotos (revista), 30
Favaretto, Celso, 38
"Fé cega, faca amolada" (Milton Nascimento e Ronaldo Bastos), 87

"felicidade, A" (Tom Jobim e
    Vinícius de Moraes), 52
Fellini, Federico, 121
Fellini, Maddalena, 121
festivais de MPB (anos 1960), 57
Festival de Música Popular
    Brasileira, TV Record, 1966, 60
Festival Internacional da Canção,
    1968, 32, 62
Festival Nacional da Música
    Popular, TV Excelsior, 1966, 60
Fialho, Tavinho, 113
fim da era da canção (anos 1970),
    37-9
Fina estampa (álbum, 1994), 108,
    118, 121
Fina estampa (show, 1995), 118
Fina estampa ao vivo (álbum, 1995),
    108
fino da bossa, O (programa de
    TV), 49
"Fora da ordem", 22-5, 148;
    sonoridade e harmonia de, 24
Foreign Sound, A (álbum, 2004), 121
"Fotografia" (Tom Jobim), 52
Francis, Paulo, 115, 139
Franco, Walter, 55
Freire, Paulo, 158
Freud, Sigmund, 141
Frida (filme), 120
"Fruta gogoia" (folclore baiano), 137
funk, 138

Gadelha, Dedé, 145
Gal a todo vapor (show de Gal
    Costa), 93
Gardenberg, Monique, 174
"Geleia geral" (Gilberto Gil e
    Torquato Neto), 46
Genet, Jean, 159
Giannetti, Eduardo, 172
Gil, Gilberto, 8, 17, 25, 28, 31, 37, 43,
    59, 61-2, 69, 72-3, 76, 84, 87, 91, 93,
    102, 113, 122, 149; como ministro da
    cultura, 126, 150; deflagração do
tropicalismo, 60; efeitos da prisão
    em, 73
"Gita" (Raul Seixas e Paulo Coelho),
    137
globalização, 22
"God" (John Lennon), 37
Godard, Jean-Luc, 115
Gomes, Ciro, 150
Gomes, Mércio, 129
Gonzaga, Luiz, 94
Gonzalez, Tereza, 141
Guedes, Paulo, 166
Guimarães Rosa, João, 54

Hair (peça), 89
Hendrix, Jimi, 37-9
hip hop, 132
Hohagen, Sandino, 55

Ilha de Wight, festival, 37
"Imagine" (John Lennon), 95
Improta, Tomás, 71
Intrépida Trupe, 23
"Inútil paisagem" (Tom Jobim e
    Aloysio de Oliveira), 110
Isabel, Princesa, 132

Je Vous Salue, Marie (filme), 115
Jimi Hendrix Experience, 39
João Gilberto, 26, 36, 53, 108, 122,
    124, 151
Jobim, Tom, 76, 81, 122, 124
Joia (álbum, 1975), 71
"Jokerman" (Bob Dylan), 26
Jones Manoel, 164, 166
Juliano, Randal, 32

Kabagambe, Moïse Mugenyi, 117
Keats, John, 55
KL Jay, 132
Koellreutter, Hans-Joachin, 127

"La flor de la canela" (Chabuca
    Granda), 54
Lavigne, Paula, 118, 145, 167

Leão, Nara, 59
Lee, Rita, 76
Lennon, John, 37, 39, 95
"Let It Be" (John Lennon e Paul McCartney), 95
"Let It Bleed" (Mick Jagger e Keith Richards), 95
Lévi-Strauss, Claude, 23, 55
LGBTQIA+, movimento, 138
Lindsay, Arto, 18, 55
Lispector, Clarice, 55
Livro (álbum, 1997), 120-1, 127
Livro do desassossego (Pessoa), 173
Lobão, 146
"Lobo bobo" (Carlos Lyra e Ronaldo Bôscoli), 52
Lobo, Edu, 57
Lorca, Federico Garcia, 55
Losurdo, Domenico, 164
Lula da Silva, Luiz Inácio, 126, 150-1

Macalé, Jards, 34
Magalhães, Antônio Carlos, 115, 118
Maiakóvski, Vladimir, 54
Mammì, Lorenzo, 81
Manchete, TV, 120
"Mano Caetano" (Jorge Ben Jor), 8
"Mano Caetano" (Lobão), 8, 146
Mapas urbanos (série de TV), 107
Marçal (percussionista), 113
"Marcha da Quarta-Feira de Cinzas" (Carlos Lyra e Vinícius de Moraes), 52
Maria Bethânia, 59, 84, 128, 137
Marighella, Carlos, 30, 32, 151
"Marinheiro só" (domínio público), 75
Martinez Corrêa, Zé Celso, 44, 58, 141, 159; sobre o tropicalismo, 47, 158
Masina, Giulietta, 121
Matos, Gregório de, 33, 54
Mautner, Jorge, 143
Mayrink, Geraldo, 94
"Mbaraeté" (canção de Owerá), 175
MC Beijinho, 54

"Me libera nega" (MC Beijinho), 54
Meu coco (álbum, 2021), 88, 123, 167, 170-1
Medaglia, Júlio, 49, 55
Melo Neto, João Cabral de, 71
Mendes Chico, 8
Mensagem (Pessoa), 62, 173
Merquior, José Guilherme, 78
"meu guri, O" (Chico Buarque), 148
Minha formação (Nabuco), 128
Miranda, Carmen, 26, 47, 49
"Mora na filosofia" (Monsueto Menezes e Arnaldo Passos), 33
Moraes, Vinícius de, 73
Morelenbaum, Jacques, 118
Moreno, Tutti, 34
Motta, Zezé, 89
Movimento Negro Unificado, 131
MPB, festivais nos anos 1960, 57
Muito (Dentro da estrela azulada), (álbum, 1978), 70
Muito (show, 1978), 94
Mutantes, Os, 43

Nabuco, Joaquim, 54, 128
"Não sonho mais" (Chico Buarque), 117, 148
Narciso em férias (documentário), 170
Nascimento, Milton, 76-7
Naves, Santuza Cambraia, 56
Neves, Tancredo, 141
New York Times, The, 25, 124
New Yorker, The, 7
Ney Matogrosso, 115
Nietzsche, Friedrich, 55, 74, 141
Nixon, Richard, 38
Nodari, Alexandre, 174
Noites do Norte (álbum, 2000), 111, 122, 128
Noites do Norte ao vivo (álbum, 2001), 54
Nós, por exemplo... (show com Gal Costa, Gilberto Gil e Maria Bethânia, 1964), 59, 84

Nova bossa velha, velha bossa nova (show com Gal Costa, Gilberto Gil, Maria Bethânia e Tom Zé, 1964), 59
Novos Baianos, 85, 93
Nunes, Clara, 91

"O que será (À flor da terra)" (Chico Buarque), 82, 114
Obra em progresso (show, 2008), 143
Odair José, 54
Oiticica, Hélio, 32, 43-4, 63-4, 76, 161
Oliveira, Acauam, 165
Omaggio a Federico e Giulietta (álbum, 1999), 108, 121
"Onde o céu azul é mais azul" (João de Barro, Alcir Pires e Alberto Ribeiro), 17
Ono, Yoko, 38
ONU, 127
Opinião (show de Maria Bethânia), 59
Organização Mundial do Comério, 138
"Oriente" (Gilberto Gil), 72
Osakabe, Haquira, 173
Outra Banda da Terra, A, 70, 87, 113
Owerá, rapper indígena, 175

"País tropical" (Jorge Ben Jor), 85
Panamérica (Paula), 43
Pape, Lygia, 76
"Paratodos" (Chico Buarque), 170
Partido dos Trabalhadores, 114, 118
Pascoal, Hermeto, 55
Pasquim, O, 29, 32, 37-8, 84
Paula, José Agrippino de, 43
Peninha, 120
Penna, João Camillo, 159, 161; sobre *Verdade tropical*, 155, 158

Pereira, Bruno, 8
Pessoa, Fernando, 62, 125, 172; Caeiro, Alberto, 108; presença na obra de Caetano Veloso, 173-4
Phillips, Dom, 8
Phono'73 (show), 54
Pires, Paulo Roberto, 144
"Pivete" (Chico Buarque), 148
Pixies at the BBC, 143
"Pois é" (Tom Jobim e Chico Buarque), 81
Preciado, Paul B., 129, 157
Prenda minha (álbum, 1998), 54, 120
Proust, Marcel, 104

Quadros, Jânio, 115, 161
Qualquer coisa (álbum, 1975), 79
"Questão de ordem" (Gil), 31-2
Quilombo do Leblon, 132

Racionais MC's, 123, 132
Rádio Nacional, 109
Ramos, Nuno, 119, 169
rap, 138
"real resiste, O" (Arnaldo Antunes), 169
Recanto (álbum de Gal Costa), 140, 147
Refavela (álbum de Gilberto Gil), 93, 95
rei da vela, O (peça), 158
"Retrato em branco e preto" (Tom Jobim e Chico Buarque), 81
"Reza" (Edu Lobo e Ruy Guerra), 33
Ribeiro, Darcy, 127
Risério, Antonio, 127
Roberto Carlos, 8, 26, 49, 76, 78, 83, 99, 115
Rocha, Glauber, 44, 125, 141, 153-4
Roda viva (peça), 62-3, 158
Rodrigues, Amália, 36
Rodrigues, Nelson, 89
Rolling Stones, 38

"Rosa dos ventos" (Chico Buarque), 86
Rosa, Noel, 122, 124
Rota, Nino, 121

Sá, Pedro, 142
"Sabiá" (Tom Jobim e Chico Buarque), 81
Salles, Walter, 120
Salomão, Waly, 91, 145
"Salt of the Earth" (Mick Jagger e Keith Richards), 38
"Samba e amor" (Chico Buarque), 79-80
Sandy, 119
Santiago, Silviano, 58
Santo Amaro da Purificação, 106-7
Sarney, José, 115
Sartre, Jean-Paul, 55, 73
Schwarz, Roberto, 45, 160, 162, 165; sobre *Verdade tropical*, 154-7
sebastianismo, 124, 168, 172
Secos & Molhados, 93
século da canção, O (Tatit), 47
Seixas, Raul, 146
"Seja marginal, seja herói" (obra de Hélio Oiticica), 32
Serra, José, 150
Sherer, Peter, 18
Silva, Agostinho da, 125, 172
Silva, Bira da, 70
Silva, Orlando, 35
Silva, Marina, 150
"Sina" (Djavan), 8
Sinal fechado (álbum de Chico Buarque), 79
Smetak, Walter, 55
Smith, Bessie, 94-5
"sonho acabou, O" (Gilberto Gil), 37, 39
"Sonhos" (Peninha), 54
Soriano, Waldick, 54
Sousa, Áureo de, 34
Sousândrade, 54

"Soy loco por ti, América" (Gilberto Gil e Capinam), 31, 95
"Sozinho" (Peninha), 54, 120
Stang, Dorothy, 8
Stendhal (Henri-Marie Beyle), 55
"Súplica" (Nelson Gonçalves), 171
Süssekind, Flora, 43

"Tapinha" (Bonde do Tigrão), 54
Tatit, Luiz, 47, 53, 100, 114
Teatro Oficina, 43-4, 63, 112, 158
Teixeira, Pedro Bustamante, 143, 148
Terra em transe (filme), 43, 48, 153-4, 159, 161
Terra, Renato, 170
Thomas, Gerald, 138
Tieta do agreste (filme), 127
Time (revista), 38
Tocqueville, Alexis de, 164
Tom Zé, 43, 59
Torquato Neto, 43
"Totalmente demais" (Hanoi Hanoi), 54
Transa (álbum, 1972), 33-6, 143
Transa (show, 1972), 28-9
"Travessia" (Milton Nascimento e Fernando Brant), 77
"Três caravelas" (Gasey Moreu e A. Alguero), 95
Tropicália (penetrável de Hélio Oiticica), 43, 161
Tropicália 2 (álbum, 1993), 25
tropicalismo, 19, 26, 28, 32, 47, 48-50, 56, 72, 85, 116, 124; Antônio Cícero sobre, 56; bases para o, 43-8; deflagração do movimento, 60; duração do movimento, 60-1; estética e política do, 58-9; identidade do, 45; interpretado por Roberto Schwarz, 155; maio de 68 e, 31; Santuza Cambraia Naves sobre, 56; tabu da sexualidade e, 63
"Tu me acostumbraste" (F. Dominguez), 55

"Un vestido y un amor" (Fito Páez), 54
Uns (álbum, 1983), 143-4

"Vai passar" (Chico Buarque), 114
"Vamos comer Caetano" (Adriana Calcanhotto), 8
Vandré, Geraldo, 57
Velloso, Mabel, 106
Velô (álbum, 1984), 34, 85, 113, 143
Veloso, Caetano: acusado de abandonar as vanguardas em 1977, 93; amadurecimento como intérprete, 35-6; canções de resistência durante a ditadura, 77; carreira internacional, 120-1; e as cidades, 106-13; contradições de, 118-20; descompromisso na volta do exílio, 28-9; entre liberdade e independência, 53; evolução na sonoridade das canções, 18, 20; exílio com Gilberto Gil em Londres(1968-72), 10, 17, 26-8, 29-33, 37-9; fase Odara de, 90-5; guinada na carreira em 2006, 142; guinada na carreira nos anos 1980, 113; imagem frágil no início da carreira, 60-1; incursões no rap e no funk, 124; influência da bossa nova, 51-3; início da carreira, 59; luta política durante a ditadura, 28; oposição entre canções solares e melancólicas, 145; parcerias com poetas e escritores, 54; poética pessoal x reflexões públicas, 27; prisão pela ditadura miltar (1968), 17; recusa ao maniqueísmo, 17, 140; reinterpretações criativas de canções populares, 54-5; relação com os pais, 105-6; relações entre canções, 25; riqueza nas melodias de, 100-2; sobre a ditadura militar, 17; sobre o Brasil mestiço, 130-3; sobre o tropicalismo, 161-2; tendência a abraçar estilos variados, 99; textos de Londres para *O Pasquim*, 29, 32, 38; transgressividade de, 53-6
Veloso, Caetano (álbuns): *Abraçaço* (2012), 142, 150-1; *Araçá azul* (1973), 55, 74; *Barra 69* (com Gilberto Gil, 1969), 65; *Bicho* (1977), 87, 95; *Caetano Veloso* (1971), 35, 145; *Cê* (2006), 121, 142, 144; *Circuladô* (1991), 18, 22, 120-1; *Cores, nomes* (1982), 54; *Doces Bárbaros* (com Gal Costa, Gilberto Gil e Maria Bethânia, 1976), 26, 85-6, 94; *Domingo* (com Gal Costa, 1967), 35; *Estrangeiro* (1989), 10, 18, 25, 148; *Eu não peço desculpa* (com Jorge Mautner, 2001), 143; *Fina estampa* (1994), 108, 118, 121; *Fina estampa ao vivo* (1995), 108; *A Foreign Sound* (2004), 121; *Joia* (1975), 71; *Livro* (1997), 120-1, 127; *Meu coco* (2021), 88, 123, 167, 170-1; *Muito (Dentro da estrela azulada)*, (1978), 70; *Noites do Norte* (2000), 111, 122, 128; *Noites do Norte ao vivo* (2001), 54; *Omaggio a Federico e Giulietta* (1999), 108, 121; *Prenda minha* (1998), 54, 120; *Qualquer coisa* (1975), 79; *Transa* (1972), 33-6, 143; *Tropicália 2* (com Gilberto Gil, 1993), 25; *Uns* (1983), 143-4; *Velô* (1984), 34, 85, 113, 143; *Zii & Zie* (2009), 142, 144, 146, 151
Veloso, Caetano (canções): "Aboio", 106, 111; "abraçaço, Um", 149, 152; "Adeus, meu Santo Amaro", 108; "Alegria, alegria", 19, 21, 26, 43, 56, 60-1, 109; "Alexandrino", 124; "Americanos", 23, 26, 131; "amor, O", 54; "Anjos tronchos", 139, 150, 166; "Araçá blue", 90; "Aracaju", 106; "argonautas, Os", 173; "Avarandado", 77; "Baby", 26,

45-6, 160; "Bahia, minha preta", 72, 125; "Base de Guantánamo", 124, 151; "Batmacumba" (com Gilberto Gil), 46; "Beleza pura", 90, 106, 119; "Big bang bang" (com José Miguel Wisnik), 124; "Boa palavra", 60; "bossa nova é foda, A", 152; "Branquinha", 63; "Cá já", 75, 82, 100; "Cajuína", 83; "Cantiga de boi", 106, 111; "Cavaleiro", 59; "Ciclâmen do Líbano", 88; "Cinema Novo" (com Gilberto Gil), 50; "Cinema Olympia", 64; "Circuladô de fulô" (sobre poema de Haroldo de Campos), 25, 54; "ciúme, O", 100, 145; "Um comunista", 30, 151, 165; "conteúdo, O", 29; "cor amarela, A", 144; "Coração vagabundo", 101; "cu do mundo, O", 23, 116-7, 148, 167; "De manhã", 59; "Deixa sangrar", 95; "Desde que o samba é samba" (com Gilberto Gil), 129; "dia, Um", 60; "Dias, dias, dias" (sobre poema de Augusto de Campos), 54; "Divino, maravilhoso", 31; "Doideca", 55; "É proibido proibir", 29, 31-2, 53, 61, 160, 173; "Eclipse oculto", 144; "Ela e eu", 74, 145; "Ela ela", 55; "Ele me deu um beijo na boca", 90; "Eles", 45; "Enquanto seu lobo não vem", 31; "Enzo Gabriel", 168; "Épico", 55; "Errática", 102; "Escapulário" (sobre poema de Haroldo de Campos), 54; "Estou triste", 145; "estrangeiro, O", 18-21, 28, 53, 138, 161; "Etc.", 145; "Eu não vou deixar", 173-4; "Eu sou neguinha?", 63; "Falou, amizade", 141; "Falso Leblon", 146; "Feitiço", 132; "Festa imodesta", 79; "Flor do cerrado", 90; "Fora da ordem", 22-5, 148; "Força estranha", 13, 82-3, 105; "Funk melódico", 124; "Gente", 74-6, 90; "Gilberto misterioso" (sobre poema de Sousândrade), 54; "Gravidade", 75; "Haiti" (com Gilberto Gil), 115-7, 124, 148, 168; "herói, O", 124, 150; "homem velho, O", 25, 100; "If You Hold a Stone", 74; "império da lei, O", 8, 148; "índio, Um", 8. 26, 85-6, 126, 169, 174-5; "It's a Long Way", 34; "Janelas abertas nº 2", 50; "Jeito de corpo", 73; "Jenipapo absoluto", 100, 103, 172; "Joia", 112; "José", 145; "Lapa", 106, 151; "Língua", 78, 124, 173; "Livros", 101, 172; "Lobão tem razão", 146; "London, London", 34, 106; "Love love love", 90; "Luz do sol", 74-5, 82, 101; "Mãe", 103-4, 145; "mais Doces Bárbaros, Os", 26, 77; "Manhatã", 106; "Maria Bethânia", 35; "Menino Deus", 88, 90; "Menino do Rio", 88; "Meu bem, meu mal", 36; "Meu coco", 132, 168; "Meu Rio", 106, 108-9; "Miami maculelê", 124; "Minha mulher", 103; "Minha voz, minha vida", 102; "Minhas lágrimas", 144-5; "Muito romântico", 77-8; "Musa híbrida", 144; "Não me arrependo", 145; "Não vou deixar", 171; "navio negreiro, O", 54, 128; "Neguinho", 140; "Neide Candolina", 90; "Nicinha", 103; "Nine Out of Ten", 34, 37; "No dia que eu vim-me embora", 105, 108-9; "Noite de hotel", 145; "Noites do Norte", 54, 128; "nome da cidade, O", 106; "Nu com a minha música", 125; "Odara", 36, 90, 95, 101; "Onde eu nasci passa um rio", 108; "Onde o Rio é mais baiano", 72; "Outra Banda da Terra, A", 88; "Outras palavras", 90; "Outro", 143; "Outros românticos", 148; "Paisagem útil", 35, 46, 106, 110; "Panis et circenses" (com Gilberto Gil), 45; "Parabéns", 149; "passistas, Os", 130; "Pecado original", 54, 79, 89, 160; "Perdeu", 147, 149, 168; "Podres poderes", 113-4, 116, 167;

"Porquê?", 144; "Pulsar" (sobre poema de Augusto de Campos), 54; "Purificar o Subaé", 106; "Quando o galo cantou", 145; "Que não se vê", 103; "quereres, O", 160; "Rapte-me camaleoa", 89; "Recanto escuro", 152; "Reconvexo", 72, 108, 137, 139-40; "Rock 'n' Raul", 72, 146; "Salva vida", 88; "Samba em paz", 59; "Sampa", 74, 106, 110, 132; "Santa Clara padroeira da televisão", 107; "Saudosismo", 28, 51, 53; "Sugar Cane Fields Forever", 129; "Superbacana", 38; "Tão pequeno" (sobre poema de Luís de Camões), 54; "Tapete mágico", 106, 110; "Tempestades solares", 145; "Tempo de estio", 88; "terceira margem do rio, A", 54; "Terra", 69, 72, 82, 110; "Tigresa", 77, 89; "Trem das cores", 89; "Trilhos urbanos", 72, 106, 108; "Triste Bahia" (sobre poema de Gregório de Matos), 33, 54; "Tropicália", 43, 48, 125; "tua presença morena, A", 88, 101; "Two Naira Fifty Kobo", 90; "Uns", 100; "Vaca profana", 106, 110, 137, 139-40; "Vai levando" (com Chico Buarque), 80; "Vamo comer", 115; "verdadeira baiana, A", 72; "Você é linda", 90, 102; "Você é minha", 120; "Você não gosta de mim", 145; "voz do morto, A" 7; "Waly Salomão", 145; "You Don't Know Me", 33

Veloso, Caetano (outras obras): "Carmen Miranda Dada" (artigo), 25, 124; *cinema falado, O* (filme), 59, 89; "Diferentemente dos americanos do Norte" (conferência), 25, 85, 124; *Verdade tropical*, 25, 103, 105, 122, 124-6, 153-4, 161; novo prefácio em 2017, 165; *ver também* Schwarz, Roberto, sobre *Verdade tropical*

Veloso, Caetano (shows): *Barra 69* (com Gilberto Gil, 1969), 65; *Bicho Baile Show* (1978), 94; *Circuladô* (1992), 10, 17, 24-5, 157; *Doces Bárbaros* (com Gal Costa, Gilberto Gil e Maria Bethânia, 1976), 84; *Fina estampa* (1995), 118; *Muito* (1978), 94; *Nós, por exemplo...* (com Gal Costa, Gilberto Gil e Maria Bethânia, 1964), 59, 84; *Nova bossa velha, velha bossa nova* (com Gal Costa, Gilberto Gil, Maria Bethânia e Tom Zé, 1964), 59; *Obra em progresso* (2008), 143; *Transa* (1972), 28-9

Verger, Pierre, 127
Vieira, Padre Antonio, 125
"Você mentiu" (Anitta, Jefferson Junior e Umberto Tavares), 7, 54
"Vou tirar você desse lugar" (Odair José), 54
Vox Populi (programa de tv), 94

Wisnik, José Miguel, 57, 80
"Within You Without You" (George Harrisson), 72

"Yes, nós temos banana" (João de Barro e Alberto Ribeiro), 46

Zii & Zie (álbum, 2009), 142, 144, 146, 151
Zumbi dos Palmares, 131

MISTO
Papel produzido
a partir de
fontes responsáveis
FSC® C011095

A marca FSC® é a garantia de que
a madeira utilizada na fabricação
do papel deste livro provém de
florestas gerenciadas de maneira
ambientalmente correta, socialmente
justa e economicamente viável e de
outras fontes de origem controlada.